# Gerhart Hauptmanns Hiddensee

# Gerhart Hauptmanns Hiddensee

*Rüdiger Bernhardt*
Edition Ellert & Richter

# Inhalt

# Auf Gerhart Hauptmanns Spuren

Hinter Bäumen versteckt, von Büschen umgeben und geschmückt mit efeuüberwucherten Terrassenmauern steht „Haus Seedorn". Blumen vom Frühjahr bis zum Herbst, ein stiller Park – geduckt darin liegt das Haus des Nobelpreisträgers, des großen Deutschen und berühmten Dichters Gerhart Hauptmann. Die Dächer leuchten rot zwischen den Zweigen der Bäume, die Terrasse erstrahlt im Licht, durch die Fenster sieht man auf Bücherwände: Gediegenheit ist vielleicht das richtige Wort für dieses Ensemble. Aus dem alten Haus, dem Anbau und dem Kreuzgang, die Gerhart Hauptmann im Winter 1930/31 plante und bauen ließ, ist eine harmonisch wirkende Anlage entstanden. Sie weckt Erinnerungen an das einst mächtige, aber längst vergangene Kloster auf Hiddensee, nach dem der Ort, in dem „Haus Seedorn" liegt, seinen Namen hat.

Klösterlicher Friede liegt um Haus und Park; die zahlreichen Besucher sind leise und gehen verhalten: Der Geist des Ortes wirkt sich aus. Täglich kommen viele Menschen zu diesem Haus, teils in Verehrung für den großen Dichter, teils aus Neugier, auf den Entstehungsort großer Poesie einen Blick werfen zu dürfen: Bekannt sind die Bilder, die Gerhart Hauptmann im Kreuzgang diktierend zeigen. Aber hier herrschten nicht nur große Kunst und geniale Einfälle, sondern auch laute Fröhlichkeit, bacchantische Freuden und Lustbarkeiten. So kommen sie auch aus Sensationslust, hat man doch manche Legende oder Anekdote gehört: der Dichter in Weinlaune, der Dichter und die Frauen, der Dichter als möglicher Reichspräsident 1921, der Dichter als der Mynheer Peeperkorn Thomas Manns, der Dichter in der Franziskanerkutte ... Für alles wird man, wenn man sucht, auch auf Hiddensee, im „Haus Seedorn" Hinweise finden.

Unverändert hat „Haus Seedorn" die Zeiten überdauert und gehört heute zur Gerhart-Hauptmann-Stiftung Kloster auf Hiddensee, die durch die Großzügigkeit von Annalise Hauptmann, der dritten Frau Benvenutos, nach 1989 entstand, als die Existenz des Hauses gefährdet war. Sie stiftete es auch zur Erinnerung an ihren Sohn Arne Gerhart Hauptmann (1932–1992), der Hauptmanns Lieblingsenkel war und an dem er sein ehrgeiziges Ziel, einen neuen Menschen zu bilden, zu verwirklichen trachtete. Es ist die einzige Wohnstätte Hauptmanns, die unverändert erhalten geblieben ist und heute noch Einblicke in das Leben und die Arbeitsweise des Dichters zuläßt. Lediglich die Bäume und Sträucher sind inzwischen so gewachsen, daß das Haus kaum mehr zu sehen ist. Der Blick auf den Bodden und das Meer, den Hauptmann noch hatte, ist nur noch zu erahnen.

Hauptmann hatte das Haus 1926 gemietet, und als er es nach langem Zögern 1930 erwarb, ließ er es erweitern: Der Neubau bestand aus einem großzügigen Arbeits- und einem kleinen Abendzimmer. Verbunden wurden Neubau und Altbau durch einen Kreuzgang, unter dem sich Gerhart Hauptmanns berühmter Weinkeller befindet. Skizzen des Dichters, wie er sich die Neubauten vorstellte, sind in einem der Ausstellungsräume zu sehen. Da die Zimmer so erhalten werden, wie sie Hauptmann zuletzt 1943 erlebte, ist wenig Platz für museale Ausstellungen. Nur im Eingangsbereich gibt es informative Übersichten zu Leben und Werk, konzentriert immer auf Hiddensee. Im übrigen haben die Räume noch jenen Charakter, den Hauptmann prägte und liebte. Selbst die Inschriften an der Wand, in höchster Erregung und Angst, aber auch in der Verantwortung als Dichter während der Nazidiktatur entstanden, sind zu betrachten. Wenn man dann im Sonnenschein auf der Terrasse sitzt, vielleicht an die „Insel der Großen Mutter" denkt, kann es passieren, daß man Gelächter hört. Es sind die Freunde und Bekannten Gerhart Hauptmanns: Fritz Gessner und Elisabeth Jungmann, Erhart Kästner und Asta Nielsen, Hans von

Hülsen und Arnold Gustavs, Rudolf G. Binding und Otto Gebühr, Julius Bab und C. F. W. Behl, Carl Zuckmayer und Ernst Toller und Maria Paudler und …
Die Reihe derer, die hier waren, ist schier endlos. Hinzu kämen die Bekannten von Hiddensee, ehe „Haus Seedorn" der Mittelpunkt des Hauptmannschen Lebens auf der Insel wurde: die Kruses, Thomas Mann und Albert Einstein …

„Haus Seedorn" in seiner träumerischen Gediegenheit ist erstes und eindrucksvollstes Beispiel für Gerhart Hauptmanns berühmten Satz: „Hiddensee wurde das geistigste aller deutschen Seebäder." Und, so wäre hinzuzufügen, noch ist diese Geistigkeit mit schöner Natürlichkeit verbunden.

Hiddensee, das bedeutete für Hauptmann nicht nur ersehntes insulares Leben, sondern auch Arbeiten im Freien. Die Dokumente sind vielfältig, die Hauptmann unter freiem Himmel arbeitend zeigen. Ein großer Teil seiner Texte ist dort entstanden; Hiddensee bot dafür paradiesische Verhältnisse. Hiddensee, das war für Hauptmann ein Stoff, der elementares Erleben und Inselsehnsucht in sich barg. Damit korrespondiert auch die auf Hiddensee 1923 geschriebene Notiz über den Sanddorn, die Hauptmann am 16. 11. 1930 in sein Diarium eintrug: „Will man Früchte, so müssen zwei Sträucher nebeneinanderstehen, also eine freie Ehe bilden."

Hauptmann kam zu Schiff in Kloster an, mit den wenigen Ausnahmen um die Jahrhundertwende, als er in Vitte wohnte. Das Schiff „im Flaggenschmuck" (Asta Nielsen) war nur für ihn, die Familie und das Personal reserviert. Während sich Margarete Hauptmann und das Personal um das Gepäck kümmerten, ging er „mit großen Schritten in der Richtung zu seinem Haus davon" (Carl Zuckmayer).

Die Gebäude und Orte, die mit Hauptmanns Namen verbunden sind, lassen sich noch finden.

*Auf sogenannten „Produktivspaziergängen" notierte
sich Gerhart Hauptmann Gedanken, aber auch Formu-
lierungen, die er später im Diktat verwendete, in sein
Notizbuch. Diese Arbeitsweise war durch die naturali-
stische Bewegung gefördert worden; sie ist auch in
Hauptmanns Tagebüchern und Diarien zu finden. Die
Aufnahme zeigt den Dichter 1899 am Strand von
Hiddensee.*

Die meisten Wohnstätten haben sich verändert und oft auch ihre frühere Aufgabe verloren. Der „Gasthof Schlieker" am Bollwerk in Kloster ist erhalten; eine Gedenktafel weist seit 1955 darauf hin, daß Hauptmann hier zum ersten Mal auf Hiddensee übernachtete. 1895 war Margarete Marschalk, die später seine zweite Frau wurde, dort zu Gast. Gasthof ist das Gebäude nicht mehr; ein Hinweisschild, daß das Haus kein Museum sei, hält Interessierte ab. Dafür ist das benachbarte Hotel „Dornbusch" in großer Pracht auferstanden. Gleiches läßt sich vom „Hotel zur Ostsee" in Vitte, dessen Nebengebäude Freeses Gasthof war, in dem Hauptmann 1896 Teile der „Versunkenen Glocke" diktierte, noch nicht sagen; es erinnert mit einer Gedenktafel von 1951 an Gerhart Hauptmanns Aufenthalte. Die Pension von Theodor Nehls in der Nähe des Hafens von Vitte, sie wurde dann das Logierhaus zur Post, schließlich das Hotel zur Post, wo Hauptmann mit seinen drei Söhnen 1901 wohnte, ist Anfang der neunziger Jahre ausgebrannt.
Die Lietzenburg, die sich die Kruses 1904/05 erbauten, sieht heute durch störende Anbauten und vor allem einen sie umgebenden hohen Wald völlig anders aus als zu der Zeit, in der die Hauptmanns dort wohnten. Von 1917 bis 1920 verbrachte Hauptmann dort den Sommer, 1918 versuchte er sie zu kaufen. Der Blick zum Strand, bei dem die Bademoden oder die Nacktbadenden mit dem Fernglas zu betrachten waren, ist nicht mehr möglich; dennoch ist der Dachreiter der Lietzenburg nach wie vor als erstes zu sehen, wenn man sich Kloster auf dem Wasser nähert.
Auch das „Haus am Meer" der Frau von Sydow, wo Thomas Mann und Hauptmann 1924 gemeinsam feierten, hat eine andere Bestimmung bekommen; es wurde eine Vogelwarte. Steigt man von der Höhe des Dornbusches, auf dem das Haus liegt, steil zum Ufer hinunter, erreicht man die Stelle unweit der Hucke, an der

Hauptmann und Thomas Mann badeten. Die Bade-
stelle, die die Hauptmanns von „Haus Seedorn" aus
benutzten, liegt etwa hundert Meter weiter südlich,
näher am heutigen Heimatmuseum, der einstigen Seenotrettungsstelle, wo Teile von „Gabriel Schillings
Flucht" (1906) spielen. Zwischen diesen beiden Stellen
und gegen Vitte hin dürften sich jene rhythmischen
Übungen der jungen Mädchen und Frauen um Magda
Bauer abgespielt haben, die Gerhart Hauptmann faszi-
nierten und zu dem Roman „Die Insel der Großen
Mutter" (1924) anregten.

Nichts mehr ist heute von den Gaststätten und Aufent-
haltsorten des Einsiedlers Alexander Ettenburg zu finden. Von seiner Bekanntschaft mit Hauptmann wird
später noch zu berichten sein. An der Stelle der von
Ettenburg 1898 errichteten „Schwedischen Bauernschenke" in Grieben entstand dann durch Aus- und
Umbauten das Restaurant und Logierhaus von Gustel
Kollwitz „Hiddensee", danach schließlich 1911 das
„Gasthaus Hiddensee". Die Erinnerung an einen der
glühendsten Verehrer Hiddensees ist heute nahezu voll-
kommen erloschen, sieht man von auszugsweisen
Nachdrucken im „Hiddensee"-Lesebuch Renate Sey-
dels ab. Dabei hat er ein interessantes literarisches
Werk und mancherlei Bedenkenswertes zu einem natürlichen Leben hinterlassen. Ihm und dem in Arendsee
wirkenden „fridensapostel" Gustaf Nagel (1874–1952)
müßte viel mehr Aufmerksamkeit geschenkt werden,
wenn es um alternative Lebensmöglichkeiten geht.

Zu erkennen ist noch der alte Zugang zur Insel, wie ihn
Gerhart Hauptmann in „Gabriel Schillings Flucht"
beschreibt: Unweit der „Heiderose" führt der Weg
durch eine schmale Furt auf die Fährinsel; Huf- und
Radspuren zeigen, daß dieser Weg auch heute noch
genommen wird. Von der „Heiderose" aus, in der
Hauptmann wahrscheinlich 1910 wohnte und die er
kaufen wollte, gelangt man an das Westufer. Haupt-

mann hat in seinen Tagebüchern und in den ausgeschiedenen Stellen des „Buchs der Leidenschaft" diesen Weg beschrieben: „Wir verließen das Schiff am südlichen Zipfel der Insel und stolperten, hungrig und gierig, die offene See zu sehen, durch das Heidekraut."
Wer sich dem Dichter und seinen Werken in Liebe und Verehrung nähert, wird Zeit finden, um an seinem Grab, auf dem Friedhof von Kloster, unweit des „Hauses Seedorn", seiner zu gedenken. Die kleine Fischerkirche lag einst „vor dem Klostertore" und ist die letzte der drei Kirchen, die Hiddensee im Mittelalter hatte.
Das Grab ist von der besonderen Landschaft Hiddensees geprägt: ein Findling als Grabstein, viel Sand, eine Efeurabatte vom gleichen Efeu, der auch die Mauern der Terrasse des Hauses überwuchert. Gerhart Hauptmann bekam ihn 1932 geschenkt. Er stammt vom Landhaus George Washingtons und wurde vom ersten Präsidenten der USA selbst gepflanzt. Auf dem Grabstein steht nur der Name „Gerhart Hauptmann", keine Lebensdaten. Das ist ein schlichter Hinweis auf jene Unsterblichkeit, die dem Namen zugebilligt wurde. Stein und Name sprechen von der Dauer, die Gerhart Hauptmanns Werk, nicht in seiner Gesamtheit, aber in großen Teilen, aus der Vergangenheit in die Gegenwart und Zukunft getragen hat und tragen wird.

Die Lietzenburg, heute noch ein Wahrzeichen von Kloster und bereits bei der Anfahrt zur Insel von weitem zu sehen, wurde von dem Maler und Holzhändler Oskar Kruse 1904/05 gebaut. Sie sollte zum Zentrum einer Künstlerkolonie werden, wie sie um die Jahrhundertwende zahlreich entstanden. Die Lietzenburg lag ursprünglich völlig frei auf einer Höhe und gestattete es so, das Strandtreiben sehr genau zu beobachten. Gerhart Hauptmann, der mit den Kruses bekannt war, wohnte von 1917 bis 1920 bei seinen Hiddensee-Aufenthalten in der Lietzenburg.

# Leben und Werk

Am 15. November 1862 wurde Gerhart Hauptmann zu Ober-Salzbrunn (Niederschlesien) im Hotel „Zur Krone" geboren. Das Hotel gehörte seinem Großvater Carl Ehrenfried Hauptmann, dann dem Vater Robert Hauptmann, und wurde später in „Preußische Krone" umbenannt. Am 1. Januar 1863 wurde er auf den Namen Gerhard Johann Robert Hauptmann getauft, noch in Briefen an den Bruder Carl unterschrieb er mit „Gerhar*d*". Warum er den Namen 1887 veränderte, ist ungeklärt. Seine Vorfahren waren Handwerker, Häusler, Landwirte, Beamte und Kirchenmusikanten. Gerhart Hauptmanns Schulzeit, zuerst in der Dorfschule, dann ab 1874 in der Städtischen Realschule I. Ordnung am Zwinger in Breslau, die schon der Bruder Carl besuchte, war für ihn eine Qual. Im April 1878 ging er, ein befriedigendes Zeugnis in der Hand, mit dem Gefühl eines „entlassenen Sträflings" von der Schule ab. Gleichzeitig hatte er bereits seine Zuneigung zur Literatur entdeckt, Aufführungen der „Meininger" – der bis heute berühmten Theatergruppe des Theaterherzogs Georg II. von Sachsen-Meiningen – gesehen und sich selbst an Dichtungen versucht. Hauptmann wurde Landwirtschaftslehrling bei seinem Onkel, zuerst in Lohnig, dann in Lederose. Dort begegnete er den pietistischen Ideen der Herrnhuter Brüdergemeine, die ihn entscheidend prägten, zumal auch seine erste Frau so dachte. In seinem dramatischen Erfolg „Vor Sonnenaufgang" (1889) wie in späteren Werken bis zum großen Romanfragment „Der neue Christophorus" spielt dieses Denken, das er dennoch immer sehr kritisch sah, eine große Rolle.
Die soziale Situation der Eltern verschlechterte sich; sie mußten schließlich Hotel und Grundstück aufgeben. Der junge Hauptmann las, oft angeregt von seinem Bruder Carl, jene Schriften, die das Denken der Zeitgenossen prägten, unter anderem Ludwig Büchners „Kraft und Stoff". Den Beruf des Landwirts gab er aus

*Der siebzehnjährige Gerhart Hauptmann beendete
seine Tätigkeit als Landwirtschaftseleve und versuchte
erneut, einen Schulabschluß zu erreichen, der ihm das
Studium an der Kunst- und Gewerbeschule in Breslau
ermöglichen sollte. Gleichzeitig entstanden die ersten
Dichtungen.*

gesundheitlichen Gründen auf. Er wollte nun Künstler werden und trat 1880 in die Bildhauerklasse der Königlichen Kunst- und Gewerbeschule zu Breslau ein, von der er aber bereits im Januar 1881 „wegen schlechten Betragens und unzureichenden Fleißes" ausgeschlossen wurde. Es blieb aus dieser Zeit ein Freundeskreis, zu dem vor allem die Maler Josef Block, der im Dritten Reich ins Exil nach England ging, und Hugo Ernst Schmidt, er starb bereits 1899 und erstand als Gabriel Schilling in Hauptmanns gleichnamigen Stück wieder auf, gehörten.

Der Bruder Georg hatte sich in Adele Thienemann, die einer reichen Kaufmannsfamilie aus Hohenhaus/Zitzschewig bei Dresden entstammte, verliebt; bei der Hochzeit entdeckte Gerhart seine Zuneigung zu Marie Thienemann, mit der er sich am 29. September 1881 heimlich verlobte. Das sichert ihn wirtschaftlich auf lange Zeit. Literarische Arbeiten, darunter das Drama „Germanen und Römer", entstehen. Nachdem Hauptmann ohne Abschluß die Kunstschule verläßt, geht er wie vorher bereits Bruder Carl zum Studium nach Jena. Was sich in Breslau schon vorbereitet hatte, nimmt Gestalt an: Hauptmann wird in einen Kreis einbezogen, der sich der Weltveränderung verschrieben hat. Aus ihm gehen die Ikarier (auch Verein „Pacific") hervor, die einen der Ihren, Alfred Ploetz – ähnlich dem Loth in Hauptmanns „Vor Sonnenaufgang" –, nach Amerika schicken, um zu erkunden, welche Chancen eine ikarische Kolonie, eine sozialistische Gemeinde, hat. An diese Gruppe erinnerte sich Hauptmann sein gesamtes Leben: Dem Kreis und seinen „Sieben" widmete er das „Promethidenlos" (1885), er findet sich in „Vor Sonnenaufgang" wieder und wird noch in der nachgelassenen Novelle „Siri" erwähnt, wenn von der Flucht auf eine Farm gesprochen wird.

Carl verlobte sich als Dritter im Bunde 1883 mit Martha Thienemann. Gerhart Hauptmann verließ die Universität und begab sich mit Carl auf eine Reise nach Spanien und Italien; auf Capri entstand die zeitlebens wirkende Inselsehnsucht Hauptmanns. Bereits im Herbst 1883 kehrte er nach Italien zurück und ließ sich als Bildhauer in Rom nieder. Die Hoffnungen werden aber enttäuscht, eine Kolossalstatue bricht zusammen; er selbst erkrankt schwer an Typhus und wird von Marie, die nach Italien eilt, gepflegt. Zurückgekehrt nach Deutschland wendete Hauptmann sich nachdrücklicher der Dichtung zu, blieb aber in klassizistischen Themen und Stoffen befangen.

1885 heiratete Hauptmann Marie. Die Hochzeitsreise führte sie nach Rügen. Gerhart, Carl und Freunde fuhren für einen Tag nach Hiddensee; es war ein Besuch, der für Hauptmanns Leben eine entscheidende Bedeutung erlangen sollte. Wieder in Berlin, wohin das junge Paar gezogen war, siedelte man aus gesundheitlichen Gründen – Hauptmann war schwächlich und litt unter „Bluthusten" – nach Erkner über. In den folgenden Jahren wurden die drei Söhne Ivo, Eckart und Klaus geboren.

Literarisch war Hauptmann zu diesem Zeitpunkt noch in seinen epigonalen, den Vorbildern nachahmenden Haltungen befangen. Gleichzeitig hatte sich aber seit den späten siebziger Jahren die naturalistische Bewegung in Deutschland entwickelt, die den Feldzug durch die Institutionen antrat, um ihre auf soziale Veränderung zielenden Vorstellungen zu verwirklichen. Mitte der achtziger Jahre hatte sie bereits wesentliche Ziele erreicht: Sie verfügte über Zeitschriften, hatte Gruppen gebildet und eine Fülle theoretischer und literarischer Werke geschaffen. Hauptmann lernte diese Bewegung im Verein „Durch!" 1887 kennen. Sein Vortrag am 17. Juni 1887 über Georg Büchner, den die Naturalisten bereits seit 1878 kannten – in einer frühnaturalistischen Zeitschrift erschien noch vor der ersten Gesamtausgabe Büchners erstmals der „Woyzeck" –, war

Hauptmanns Einstand im Verein. Das Jahr 1887 brachte der naturalistischen Bewegung einen wesentlichen Durchbruch, der von der Aufführung der „Gespenster" des Norwegers Henrik Ibsen am 9. Januar im Residenztheater in Berlin ausging. Die Zeitgenossen stimmten dem Dänen Hoffory zu: „Heut bricht für die deutsche Literatur eine Epoche an."

Hauptmann war von Ibsen, dessen „Gespenster" er sah und dem er auch selbst begegnete, fasziniert und zudem mit seinen Novellen „Fasching" (1887) und „Bahnwärter Thiel" (1888) an diesem Aufbruch beteiligt. Die Bekanntschaft mit dem Verein „Durch!", vor allem mit Arno Holz und Johannes Schlaf, ließ ihn naturalistische Methoden kennenlernen wie die detaillierte Beschreibung aller Vorgänge und Situationen, ohne dabei – scheinbar – auf Spannung oder Konflikte zu achten. Eine frühnaturalistische Dramatik entstand mit Werken wie Wolfgang Kirchbachs „Waiblinger" (1886), John Henry Mackays „Anna Hermsdorf" (1886), Julius Harts „Der Sumpf" (1886), Max Halbes „Emporkömmling" (1887) und Hermann Bahrs „Die neuen Menschen" (1887). Eine Institution für die naturalistische Dramatik hatte sich mit der Freien Bühne 1889 gebildet, die wiederum mit Ibsens „Gespenstern" eröffnet wurde. Gerhart Hauptmann vereinte die Methode, die er lernte, mit Themen, die durchweg sozial waren, den sogenannten vierten Stand einbezogen, Reformer in den Mittelpunkt stellten und die Gesellschaft verändern wollten. Er gab so der naturalistischen Dramatik mit dem sozialen Drama „Vor Sonnenaufgang" (1889) und der von Skandalen begleiteten Uraufführung in der Freien Bühne ihren Höhepunkt. Hauptmann war durch die Aufführung in der Freien Bühne berühmt geworden und galt nunmehr, in dieser Ausschließlichkeit unberechtigt, auch später zumeist als naturalistischer Dichter, während alle anderen in Vergessenheit gerieten. Dabei war er nur die Spitze eines Eisbergs, hatte aber intuitiv das richtige Thema zur rechten Zeit mit den wirkungsvollsten Mitteln bearbeitet. Auch wenn er sich bereits in den neunziger Jahren Märchenstücken wie der „Versunkenen Glocke" (1896) zuwandte, blieb er der naturalistischen Methode treu: Werke wie „Fuhrmann Henschel" (1898), „Rose Bernd" (1903), „Die Ratten" (1911), „Vor Sonnenuntergang" (1932) und die erst aus dem Nachlaß aufgeführten „Herbert Engelmann" (1962) und „Christiane Lawrenz" (1990) belegen das.

In den neunziger Jahren wohnte Hauptmann gemeinsam mit seinem Bruder Carl in Mittelschreiberhau (Niederschlesien), wo sich die Brüder ein Haus gekauft hatten, in dem Gerhart Hauptmann bis 1898 auch arbeitete. Ehe Streit die Brüder trennte, entstanden hier unter anderem „Kollege Crampton" (1892) und die gleichbleibend beliebte Komödie „Der Biberpelz" (1893). Die Umgebung verstärkte neben eigenen Studien die Arbeit an Hauptmanns berühmtesten Stück „Die Weber". Das Schauspiel über das soziale Elend der schlesischen Weber wurde mehrfach verboten und konnte erst 1893, wiederum durch die Freie Bühne, aufgeführt werden. Als 1894 die „Weber" im Deutschen Theater gezeigt wurden, erklärte Kaiser Wilhelm II., er müsse das Gerichtsurteil zur Aufführung akzeptieren, werde aber das Theater nicht wieder betreten. Im April 1895 kündigte er dann schließlich seine Loge. Überhaupt hatte Hauptmann mit dem Kaiserhaus Probleme: Auf Veranlassung des Kronprinzen wurde das „Breslauer Festspiel in deutschen Reimen" (1913) abgesetzt, weil es zu wenig national sei. Wilhelm II. verhinderte nicht nur die Auszeichnung mit dem Schillerpreis, sondern brüskierte Hauptmann mit der Verleihung eines Ordens der niedrigsten Stufe, der IV. Klasse des Roten Adlers (1915). Hauptmann wurde in enger Beziehung zur Sozialdemokratie gesehen, was er mit Recht dementierte, denn er war zeitlebens ein weitgehend unpolitischer Dichter, der allen Festlegungen und Entscheidungen grundsätzlich aus dem Wege ging. Das „Nu ja, ja, nu nee, nee" der „Weber" ist Ausdruck einer charakterlichen Veranlagung, die Hauptmann bewußt war – die Tagebücher belegen das – und die er pflegte.

Das galt auch für die Beziehung zu den Frauen: 1889 hatte er Margarete Marschalk getroffen; sie wurde spätestens 1893 seine Geliebte. 1896 befand er sich in solchen Konflikten, daß er sich mit Selbstmordabsichten trug und schon einen Abschiedsbrief entworfen hatte („… die Qualen unausgleichlicher Conflikte treiben mich in das Ende"). Aber selbst nach der Scheidung von Marie und der Eheschließung mit Margarete 1904 schwankte er zwischen den beiden Frauen und thematisierte das in seinem Werk: vor allem in den Romanen „Atlantis" (1912), „Buch der Leidenschaft" (1930), aus dem ein großer Teil ausgeschieden und erst 1966 unter dem Titel „Neue Leidenschaft" (auch „Buch der Leidenschaft. Verworfene Fortsetzung") veröffentlicht wurde, und „Im Wirbel der Berufung" (1936). Bereits in „Hannele" (1893, seit 1897 unter dem Titel „Hanneles Himmelfahrt") hatte er ein Kind zur Hauptfigur gemacht; in der „Versunkenen Glocke" (1896) war es Rautendelein, „halb Kind, halb Jungfrau", das ihn beschäftigte.

1900 wurde Hauptmanns vierter Sohn Benvenuto geboren. Marie, die bereits 1914 starb, zog mit ihren Söhnen in ein neues Haus in Dresden-Blasewitz, Hauptmann 1901 in das neu erbaute „Haus Wiesenstein" im schlesischen Agnetendorf. 1905 lernte er die sechzehnjährige Schauspielerin Ida Orloff kennen, die seinen Wunsch nach einer Kind-Frau zu erfüllen schien. Die leidenschaftliche Liebe fand im Sommer 1906 ihr Ende, wirkte aber in zahlreichen Werken nach, am deutlichsten in „Und Pippa tanzt!" (1906), einem der schwierigsten, aber auch schönsten und wichtigsten

Auf einer 1899 von Gerhart Hauptmann gekauften
Wiese, auf der sich einige Felsen („Steine") befanden,
entstand bis 1901 „Haus Wiesenstein" im schlesischen
Agnetendorf. Hauptmann hatte Entwürfe beigesteuert
und sah in dem Haus die wiedergefundene Heimat. Mit
seiner trutzig-wehrhaften Anlage paßt es zum Riesengebirge und wirkt gleichzeitig wie ein Gegensatz zum
heiter-luftigen „Haus Seedorn" auf Hiddensee.

Werke des Dichters. Wann immer Hauptmann nun seinen Gedanken nachging, mit mehreren Frauen leben zu können, trat ein Abbild Ida Orloffs neben Marie und Margarete: Das trifft vor allem für den Roman „Die Insel der Großen Mutter" (1924) und das an Dante geschulte Terzinenepos „Der große Traum" (1942–1964) zu. „Der große Traum", auf Hauptmanns Wunsch mit in das Grab gegeben, ist eine der aufschlußreichsten Selbstdarstellungen des Dichters, der sein ganzes Leben lang in Träumen sowohl die Erfüllung seiner Wünsche als auch die Bestätigungen seiner Ängste erfuhr.

Trotz mancher Fehlschläge, „Florian Geyer" (1896), „Schluck und Jau" (1900) und andere Stücke wurden Mißerfolge, war Gerhart Hauptmann berühmt geworden: 1905 erhielt er zum dritten Mal den Grillparzer-Preis, diesmal für den „Armen Heinrich" (1902). Andere Preise folgten. 1906 erschien die erste sechsbändige deutsche Gesamtausgabe, nachdem bereits 1902 eine mehrbändige russische Ausgabe erschienen war. Auf einer Reise nach Griechenland 1907 dachte er über das Urdrama nach und beschrieb Reise und Ideen im „Griechischen Frühling" (1907).

1912 erhielt Hauptmann den Nobelpreis. Im italienischen Kloster Sta. Margharita erwarb er sich im gleichen Jahr seine berühmte Franziskanerkutte, die er bei Meditationen vor Sonnenaufgang trug. Als er sie erstmals am Sonntag, dem 18. August 1912, anzog, sah er sich als „Mönch der Poesie, ein Mönch mit Flügeln, ein Mönch der inneren Freiheit, ein Mönch der Toleranz". Im Jahre seines 50. Geburtstages wurde er nicht nur ausgezeichnet und gewürdigt, sondern eine umfangreiche Literatur über ihn entstand, Ausgaben in den USA und anderen Ländern erschienen.

Wie viele andere begrüßte Hauptmann den Ersten Weltkrieg zunächst, litt dann aber zunehmend unter den Zerstörungen und der Preisgabe des Humanismus.

*Hauptmann hatte 1912 aus Verehrung für den Heiligen Franziskus im Kloster von Santa Margherita eine Franziskanerkutte erworben. Er trug sie vor allem beim morgendlichen Meditieren, fiel aber auch den Inselbewohnern auf, wenn sie ihm am Strand in der Kutte begegneten. Seinem Wunsch gemäß wurde Gerhart Hauptmann in dieser Kutte auf Hiddensee beerdigt. Möglicherweise hat der Einsiedler und Sonderling Alexander Ettenburg, in dessen Todesjahr 1919 die Aufnahme entstand, Hauptmann angeregt, denn auch er wanderte schon um die Jahrhundertwende in einer Kutte über die Insel.*

Er setzte mit der meisterlichen Novelle „Der Ketzer von
Soana" (1918) seinen aus dionysischem Lebensgefühl
gespeisten Entwurf voller Sinnlichkeit und Lebens-
freude entgegen. Nach dem Ersten Weltkrieg trat
Hauptmann wie nie zuvor in das öffentliche Leben ein,
vor allem auch als Freund des Wiederaufbau- und
Außenministers Walther Rathenau, der 1922 von
Rechtsextremisten ermordet wurde. Entsetzt vom
Krieg, glaubte er in der Weimarer Republik eine
Zukunft für das deutsche Volk zu finden. Als er 1921
aufgefordert wurde, für das Amt des Reichspräsidenten
zu kandidieren, dementierte er entstehende Gerüchte
unter Berufung auf seine literarische Wirksamkeit.
Doch seine Meinung war durchaus zwiespältig: 1923
vertraute er dem Tagebuch an: „Ich fürchte, ich muß
Präsident werden, wenn der kluge und in seiner Art
große Ebert sein Werk getan hat." Gleichzeitig aber
bekamen die Jahre immer deutlicher einen wiederkeh-
renden Ablauf, der von Aufenthalten in Agnetendorf,
Hiddensee und Rapallo bestimmt war. Seit 1940 kon-
zentrierte sich Hauptmanns Leben weitgehend auf
Agnetendorf.
Noch 1926 hatte es Hauptmann abgelehnt, in die Sek-
tion für Dichtkunst der Preußischen Akademie einzu-
treten; er beharrte auf seiner Stellung als unabhängiger
Dichter. 1928 willigte er schließlich ein. Höhepunkt des
an Ehrungen und Veröffentlichungen reichen Jahres
1932 wurde die Vortragsreise anläßlich des 100. Todestages Goethes durch die USA.
Mit dem Anbruch des Dritten Reichs sah er seine Zeit,
die er auf die Jahre 1871 bis 1933 datierte, für beendet
an. Er unterließ öffentliche Stellungnahmen gegen die
Nazis, hatte ihnen aber schon in „Vor Sonnenuntergang" (1932) eine Absage erteilt, die indessen von Fassung zu Fassung vorsichtiger wurde, je näher der Text
der Veröffentlichung kam. Auch das entsprach Hauptmanns Unentschiedenheit. Aber er hatte auch außen-

politischen Maßnahmen der Nazis, dem Austritt aus
dem Völkerbund beispielsweise, zugestimmt. Sein
umstrittenes und oft diskutiertes Verhältnis zu den
Nationalsozialisten war von jener Unentschiedenheit
geprägt, die sein ganzes Leben bestimmte. Einerseits
waren sie ihm wegen ihrer Brutalität und ihrer Geistlo-
sigkeit zuwider, andererseits ging er den Auseinander-
setzungen aus dem Wege und nahm auch die Ehrungen,
etwa zum 80. Geburtstag, entgegen. Einerseits ließ er
sich von Propagandaminister Joseph Goebbels empfan-
gen, andererseits ordnete dieser an, anläßlich des
Geburtstages an den deutschen Bühnen nur je eine
Neuinszenierung (mit Ausnahme der „Weber") heraus-
zubringen; lediglich in Breslau wurde ein Aufführungs-
zyklus erlaubt. Und schließlich nahm er den von
Reichsjugendführer Baldur von Schirach überreichten
Ehrenring der Stadt Wien entgegen, soll danach aber zu
seinem Sohn Ivo gesagt haben, er könne über Auszeich-
nung und Feier kotzen.
In kurzer Zeit entstand das große Alterswerk „Die
Atridentetralogie" (1940–1944 „Iphigenie in Delphi",
„Iphigenie in Aulis", „Agamemnons Tod" und „Elek-
tra"). Hauptmann war oft mit Goethe verglichen worden und hatte diese Ähnlichkeit auch gepflegt, von
Margarete Hauptmann nachdrücklich unterstützt.
Auch Themen Goethes hatte er seit seiner italienischen
Reise 1896 mehrfach aufgenommen. Ein Höhepunkt
wurde die fiktive Begegnung mit dem Dichter in der
Novelle „Mignon" (1943, veröffentlicht 1947), die
gleichzeitig den Pippa-Komplex abschloß und zusätzlich Hauptmanns Bekannte Peter Hille als Harfner und
Else Lasker-Schüler als Ada porträtierte. Die Atridentetralogie nahm einerseits Goethes „Iphigenie in Tau-
ris" wieder auf, setzte aber der idealen Humanität des
Klassikers das Bild einer blutrünstigen, barbarischen
Zeit entgegen, in der Menschenopfer an der Tagesord-
nung sind. Hoffnung ist darin wenig zu finden; die

Zeitbezüge waren unverkennbar. Der Zweite Weltkrieg verhinderte aber nicht die Fortführung des gewohnten Tages- und Jahreslaufs. Die letzten Arbeiten des greisen Dichters galten dem Romanfragment „Der neue Christophorus", der ebenfalls in die Pippa-Nachfolge gehört. Gleichzeitig stellt er ein großes Vermächtnis dar, das schon auf die neuen Gefahren für die Menschheit, die Atombombe, weist und dennoch von Hoffnung spricht: „Ein fliegender Mensch hatte eine riesige Kugel, mit höllischem Verderben gefüllt, über die Erde ausgeschüttet."

Hauptmann erlebte im Februar 1945 die Bombenangriffe auf Dresden, die ihn tief erschütterten. Der Dichter erholte sich nicht mehr davon. Nach dem Kriegsende schützte ein polnischer Schutzbrief den Dichter und sein „Haus Wiesenstein". Vom 3. bis 6. Oktober 1945 besuchten der Dichter Johannes R. Becher, der Offizier und Journalist Grigorij Weiß, der Schriftsteller Gustav Leuteritz und der Fotograf Chanow Hauptmann, sicherten seine Versorgung und bekamen die Zusage zur Mitarbeit im Kulturbund, in dem heimgekehrte Emigranten und die sowjetische Militäradministration Künstler und Intellektuelle organisieren wollten. Sie erhielten das Manuskript zu den „Neuen Gedichten", die 1946 als letzte Buchpublikation zu Lebzeiten Hauptmanns erschienen. Am 6. Juni 1946 starb der Dichter in Agnetendorf; er wurde in seiner Franziskanerkutte aufgebahrt. Gerhart Pohl, der den Dichter in seiner letzten Zeit besucht hatte, und Oberst Sokolow sprachen am Sarg. Am 21. Juli 1946 traf der Sonderzug mit Gerhart Hauptmanns Sarg, Margarete Hauptmann und dem größten Teil der Einrichtung des „Hauses Wiesenstein" in Berlin ein. Von dort wurde der Sarg nach Stralsund gebracht, wo er am 27. Juli aufgebahrt wurde. Am Sonntag, dem 28. Juli 1946, wurde Gerhart Hauptmann bei Sonnenaufgang auf dem Friedhof von Kloster auf Hiddensee beigesetzt.

# Hiddensee
## Für Gerhart Hauptmann „die Insel"

Nichts am Hiddensee der achtziger Jahre des 19. Jahrhunderts, nichts auf der „elenden Insel", wie sie damals in Reisebeschreibungen genannt wurde, nichts auf dem abgeschiedenen Eiland mit den Fischerhütten ließ, als es Gerhart Hauptmann 1885 erstmals besuchte, vermuten, daß Jahrzehnte später der Dichter sich hier sein Haus bauen und schließlich seine Ruhe finden würde. Als Gerhart Hauptmann hier erstmals an Land ging, war er auch noch kein großer Dichter, und ob er einer werden sollte und wollte, wußte er zu diesem Zeitpunkt selbst nicht. Lieber meldete der Künstler sich, wie in Erkner bei Berlin, wo er sich bald nach seinem Besuch auf Hiddensee eine Wohnung gemietet hatte, bei den Behörden als „Bildhauer" an.

Die Beziehung Hauptmanns zu Hiddensee hat sich langsam entwickelt, sie verlief parallel zum Aufstieg Hiddensees zu einer als besonders schön geltenden und begehrten deutschen Insel, zum „Capri der Ostsee". Weshalb der Dichter ausgerechnet Hiddensee zu seiner zweiten Heimat machte, war er doch immer auch seiner schlesischen Heimat verbunden, in der er sich sein trutziges „Haus Wiesenstein" bauen ließ, läßt sich ahnen und aus seinen Dichtungen erschließen. Sieht man die Bilder der beiden Häuser in Schlesien und auf Hiddensee nebeneinander, ahnt der Betrachter, was Hauptmann an Hiddensee liebte. Es stehen sich wilde Bergwelt, anschaulich geworden im schroff wirkenden Festungscharakter des „Hauses Wiesenstein", und sanfte Stille der Ebene – von „Haus Seedorn" sah man einst den flachen Teil der Insel, Bodden und Meer vor sich, heute ist der Blick zugewachsen – gegenüber: Gewalt und Frieden, Drohung und Ruhe, Schroffheit und Harmonie, Tosen und Stille, Berg und Ebene. Sicherlich, das trifft nicht für die ganze Insel Hiddensee zu, die durch ihre landschaftlichen Gegensätze so berühmt geworden ist. Aber es stimmt für *Hauptmanns Hiddensee*. Schlesien, das Riesengebirge, und Hiddensee, die

*Folgende Doppelseite:*
*Die Abende am Meer, wenn die Sonne versinkt, lassen die Gespräche verstummen. Andächtig lauschen die Menschen dem Wellenschlag und träumen sich in einen Zustand, der Gerhart Hauptmann zu seinem Gedicht „Mondscheinlerche" angeregt haben mag: „Unaufhörlich bläst das Meer / eherne Posaunen …"*

Ostsee, hatten eine Gemeinsamkeit für Hauptmann. Meer, Schiff und Insel bildeten eine eigene poetische Bildwelt aus, die mit der bereits vorhandenen des Gebirges in spannungsreiche Beziehungen trat.

Am liebsten war dem Dichter das Nebeneinander beider, des Hohen und des Flachen: Da ragt ein Signalmast empor gegenüber dem Schuppen einer Rettungsstation „auf der Düne" („Gabriel Schillings Flucht"), auf „Fischmeisters Oye, einer Insel der Ostsee", oder es steht die Burg über dem Meer („Der Flieger") und erscheint als hochgelegene Burg auf der Insel Ithaka („Der Bogen des Odysseus"). Beides sind unverwechselbare Baudenkmäler Hiddensees: Die Rettungsstation auf Fischmeisters Oye ist das Gebäude, in dem sich heute das Heimatmuseum befindet, „Klas Olfers' Gasthaus auf Fischmeisters Oye" ist die getreue Nachbildung des Schliekerschen Gasthofes, die hochgelegene Burg die Lietzenburg. Diesem Hohen stehen Strand und Meer angriffslustig und vernichtend gegenüber. Die Galionsfigur „eines gestrandeten Schiffes" ist Beispiel dafür. Sie „stellt eine Frau mit bauschigen Röcken dar, deren Kopf zurückgeworfen ist, so daß ihr bleiches Gesicht mit nachtwandlerischem Ausdruck dem Himmel sich darzubieten scheint" („Gabriel Schillings Flucht"). In den Gedichten der Reise nach Rügen und Hiddensee 1885 fanden sich Hohes und Flaches im Bild von Wolken und Meer: „Die Wolke sinket aufs Wasser / und küsset mit zuckendem Munde / die ringserbleichenden Wogen. / Die Segel senken sich nieder, / die Schiffe kriechen zum Strande / mit seufzenden Rahen und Tauen …"

Hauptmann nutzte die Spannung von Gebirge und Meer als grundsätzlichen Gegensatz in seinen Werken immer wieder. Anläßlich des 50. Jahrestags des ersten Besuchs auf Hiddensee beschrieb er den Eindruck, den der Betrachter von Hiddensee empfing, als den „von Weltabgeschiedenheit und Verlassenheit. Das gab ihm

*Vom Kloster auf Hiddensee ist wenig erhalten. Alte Pläne lassen erkennen, daß die Klosterkirche gewaltige Ausmaße hatte. Nur ein Torbogen, der aber wohl erst aus späterer Zeit stammt, läßt das Kloster erahnen: Es war das Eingangstor in den ehemaligen Kloster- und Gutsbereich. Steine der Begrenzungsmauer, wie sie auf dieser Aufnahme von 1892 noch zu sehen sind, sollten für eine Grabstätte Gerhart Hauptmanns am Waldrand verwendet werden. Dies wußte aber der Inselpfarrer Arnold Gustavs zu verhindern.*

den grandiosen und furchtbaren Ernst unberührter
Natur und dem Menschen, der in dieses Antlitz hinein-
blickte, jene mystische Erschütterung, die mit der
Erkenntnis von den Grenzen seines Wesens und der
menschlichen Kultur überhaupt verbunden ist". Das ist
das *Hiddensee Gerhart Hauptmanns*. Wie ist es entstanden?
Der Frage ist bisher nicht nachgegangen worden. Fal-
sches ist im Umlauf wie Dorothy C. Farners „Hauptmann at Hiddensee" (1962), das die Einrichtung und
Betreuung des Gerhart-Hauptmann-Hauses fehlerhaft
beschreibt und zum Beispiel die Rolle der um 1950 im
Dachgeschoß wohnenden Bildhauerin Karla Friedel
überschätzt; aber auch die großen Biographien nahmen
sich des Phänomens der Insel bei Gerhart Hauptmann
nicht an. Hauptmann hat sein Hiddensee weder erwan-
dert noch in Begegnungen mit Einheimischen erfahren.
Sein Hiddensee war die vollständige und dauerhaft
angelegte Wiederholung der Eindrücke von Capri: Die
stille See, der majestätische Schwan, die volle Scheibe
des Mondes, gleitende Boote, besänftigte Wogen und
träumende Schiffer; die Attribute, die sich mit der Vorstellung von Insel, Hafen, Fischer und See verbinden,
hatten auch auf Gerhart Hauptmann ihre Wirkung. Er
fragte nicht, ob sie zuträfen oder sogar kitschig genannt
werden müßten. Den Begriff des Kitsches gab es weder
für den jungen Mann, der seine ersten Inselerlebnisse
auf Capri hinter sich hatte, noch für seine Zeitgenossen. Der Begriff war noch weitgehend unbekannt. Aber
auch sonst hätte Hauptmann ihn abgelehnt, zu wertvoll
waren ihm seine Eindrücke, die nicht von denen anderer Reisender abwichen.
Eines aber unterschied den angehenden Dichter von
den vielen anderen Inselbegeisterten: Er besaß bereits
das Bild einer idealen Insel, verfügte schon über die
Vorstellung eines vollkommenen Eilands. *Gerhart
Hauptmanns Hiddensee* gab es im Kopf des Dichters,

*Vitte, hier eine Aufnahme von 1909, ist der Hauptort der Insel. Hauptmann hatte vor der Jahrhundertwende mehrfach dort gewohnt und trug sich mit dem Gedanken, die südlich von Vitte liegende Pension „Heiderose" zu kaufen.*

bevor er die Insel ein erstes Mal betrat oder ihren
Namen kannte. Er wußte, wie *seine* Insel aussah.
Hinweise darauf finden sich im Frühwerk Hauptmanns. Vielleicht hatten erste Zweifel an den eigenen
Möglichkeiten mitgewirkt, die Insel zu schaffen, auf
der man sich selbst genug ist, ein Gedanke, der sich in
vielfacher Gestalt im ausgehenden 19. Jahrhundert findet. Der junge Poet flüchtete sich im Winter 1884/85 in
die Maske eines Prometheus, des Schöpfers des Menschen und Kulturbringers in der griechischen Mytholo-
gie, mit Namen Selin – eine Umstellung von In-sel –
und schrieb die Dichtung „Promethidenlos". Sie stand
nicht in der Nachfolge von Goethes aufbegehrendem
Prometheus, sondern war den utopischen Entwürfen
verpflichtet, die die jungen Studenten gemeinsam lasen
und diskutierten. Die Freunde Hauptmanns, die Prome-
thiden, waren durchaus auf Weltveränderung aus, litten
aber auch an der eigenen Aufgabe. Vorbilder fand er
bei Lord Byron und in Siegfried Lipiners (eigentlich
Salomo Lipiner, 1856–1911) „Entfesseltem Prometheus" (1876). Möglicherweise hatte der vielseitig Bele-
sene auch Carl Spittelers „Prometheus und Epime-
theus" (1880/81) in der Hand gehabt oder mindestens
von ihm gehört, von dem verhinderten Bildner, dessen
Schöpferwille nicht zum Kunstwerk ausreicht. *Hauptmanns Insel* im „Promethidenlos" war eine Insel der
Nacht: „Rings stille Nacht. Des Mondes volle Scheibe /
am dunklen Himmel. In des Hafens Flut / verstummt
des lauten Tages bunt Getreibe, / es ruht der Schiffer,
und die Woge ruht; / dort zieht ein Schwan mit hellem
Silberleibe / und ruft zuzeiten nach der fernen Brut; /
auf leichtem Kahne schwimmt Selin indessen / heran, in
Träumen welt- und drangvergessen."
Das Werk erschien im Sommer 1885; was sich in dem
Poem niederschlug, waren vor allem die Erlebnisse
eines längeren Aufenthalts mit dem Bruder Carl im Mai
1883 auf Capri. Aber hinter dem Erlebnis wird die

Gerhart Hauptmanns Hiddensee war besonders geprägt durch die flachen Teile der Insel, die für ihn eine „pfadlose Grastafel" bildeten. Die Gegend um Neuendorf, hier um 1909, und südlich von Vitte entsprach Hauptmanns Vorstellungen besonders. Hauptmann beschrieb die Situation so: „Seit gestern sind Lella und ich hier wiederum ansässig. Wir verließen das Schiff am südlichen Zipfel der Insel und stolperten, hungrig und gierig, die offene See zu sehen, durch das Heidekraut." Lella wurde seine zweite Frau Margarete in den ausgeschiedenen Teilen des „Buchs der Leidenschaft" genannt.

Sehnsucht nach einem insularen Leben deutlich, die Sehnsucht nach Abgeschiedenheit und Einsamkeit, aber auch nach der besonderen Situation des Erlösers und Retters. Als Hauptmann erstmals auf Hiddensee ankam, bedichtete er die nächtliche Landschaft Hiddensees und die Flut, das, was ihn schon auf Capri beeindruckt hatte und was er seither suchte. Die Insel, das war auch die andere Welt, der Gegensatz zur „alten Welt", aus der sich Selin, sich gefesselt fühlend, zu befreien trachtete. Insel, das bedeutete Freiheit für Hauptmann.

Bis heute findet sich für Hiddensee die Bezeichnung „Capri der Ostsee" oder „Capri von Pommern", jüngst erst in Prospekten für den Nationalpark „Vorpommersche Boddenlandschaft". Günter Grass läßt seinen Hoftaller in dem Roman „Ein weites Feld" Hiddensee ein „baltisches Capri" nennen; Fonty und seine Frau wohnen „hinter der Villa Seedorn, dem Hauptmannhaus benachbart, ein Gästezimmer mit Kochgelegenheit und wohnlichem Nebenraum ..., gleich hinter den Buchen". Auch Gerhart Hauptmann hat die Inseln verglichen. In einer ausgeschiedenen Passage vom 27. Juli 1895 aus dem „Buch der Leidenschaft" heißt es, auf Rügen bezogen: „Der Süden hat kaum, wenn ich Capri ausnehme, etwas gleich Verlockendes." Capri, immer wieder Capri, und dann Hiddensee, das waren nicht nur Orte, an denen in Schönheit gelebt werden konnte, sondern auch geistige Refugien von großer Ähnlichkeit, in denen sich der Künstler als Genius, fast gottähnlich fühlen konnte.

An den Steilküstenabbrüchen unterhalb des Dornbusches wurden die Gewalt des Meeres und der Stürme besonders eindrucksvoll erlebbar. Seit die Ufer geschützt wurden, hat sich die Veränderung der Insel verlangsamt. Dennoch ist zu beobachten, wie der Nordteil der Insel abgespült und am Bessin und Gellen neu aufgebaut wird.

## Erlebnisse eines Einsamen
## Der erste Besuch

Am 29. Juli 1885 betrat Gerhart Hauptmann erstmals die Insel Hiddensee, gemeinsam mit dem Bruder Carl und Freunden. Sie übernachteten im bescheidenen, 1875 errichteten Gasthof Schlieker in Kloster und trugen sich ins Gästebuch Johann Andreas Schliekers ein.

Schlieker, das ist einer der typischen Namen wie Schluck und Gau, die auf der Insel verbreitet sind. Der Friedhof gibt darüber ebenso Auskunft wie Werbeschilder. Gerhart Hauptmann hat den Namen im Titel seines Stücks „Schluck und Jau" (1900) dichterische Dauer geschenkt. Allerdings waren es keine Hiddenseer Fischer mehr, sondern Bettler in einer an Shakespeare orientierten Komödie. Das Stück bekam später energischen Widerspruch von Joseph Goebbels, der die Verfilmung verbot, weil „zwei notorische Trinker, die ich meinem Freunde Himmler zur Einweisung in ein KZ übergeben würde", die Helden sind.

Der erste Aufenthalt auf Hiddensee bietet manche Unklarheit. Schon am 30. Juli 1885 war Gerhart Hauptmann zum Gasthof Schilling auf Arkona weitergereist. Daß Hauptmann von oder über Hiddensee nichts in seine Autobiographie „Das Abenteuer meiner Jugend" aufnahm, hing unter anderem damit zusammen, daß die langgestreckte Insel zu dieser Zeit unbekannt war und im Schatten Rügens stand. Noch um 1900, als andere Seebäder an der Ostsee schon mehr als 10 000 Besucher im Jahr meldeten, waren es auf Hiddensee nur wenige hundert. Im Gästebuch des Gasthauses Schlieker standen 1885 gerade einmal 120 Eintragungen.

Hätte Hauptmann sich mit einem einschlägigen Lexikon, wie es in seinem Arbeitszimmer auf Hiddensee steht, auf seine Reise vorbereiten wollen – er tat es wahrscheinlich nicht –, so wäre er im berühmten Brockhaus auf eine wenig einladende Beschreibung gestoßen: „Insel an der Westküste Rügens, von dem es 1308

Bei seinem ersten Besuch auf Hiddensee
1885 wohnte Gerhart Hauptmann
gemeinsam mit dem Bruder Carl und
den Freunden Alfred Lottermoser und
Hugo Ernst Schmidt im Gasthof Schlieker. Die Frauen, die die Männer auf der
Reise begleiteten, waren vermutlich nach
Arkona auf Rügen vorausgefahren, wo
man sich am 30. Juli 1885 wieder traf.
Bereits 1881 hatte sich Gerhart heimlich
mit Marie Thienemann verlobt, der
Tochter des Wollgroßhändlers Berthold
Thienemann; am 5. Mai 1885 heirateten
sie in Dresden. Hauptmann hatte ihr zu
danken, daß er sich ohne finanzielle
Sorgen seiner schriftstellerischen Arbeit
widmen konnte. Erst in den neunziger
Jahren konnte die Familie von den Ein-
künften des Dichters leben.

durch eine Sturmflut getrennt wurde, ist 1,8 km lang, $^1/_4$–3 km breit. H. litt auch 1867 und 1872 durch Sturmfluten. Die höchste Erhebung (70 m) der Insel heißt der Dornbusch. H. hat 6 Ortschaften mit 750 E., in dem Hauptort Kloster Ruinen eines Cistercienserklosters." Vielversprechend klang das nicht, bedeutend auch nicht, allenfalls ließ sich Einsamkeit vermuten, bedrohliche Einsamkeit, denn die genannten Sturmfluten lagen nur wenige Jahre zurück. Jedenfalls wurde in der Autobiographie nur der Besuch auf Rügen erwähnt. Da ist die Rede davon, daß Hauptmann und Mary, also Marie Thienemann, die kurz zuvor seine erste Frau geworden war, den heißen Sommer des Jahres 1885 in Göhren auf Rügen verbrachten: „Wir waren fünf heitere Kameraden …"

Die Hochzeitsreise war wohl auch zur Erholung gedacht, denn der junge Ehemann hatte schon am Hochzeitstag erfahren müssen, daß er in den Augen von anderen keine sonderlich männliche Ausstrahlungskraft hatte. Ein Husarenrittmeister, der während des Hochzeitsessens den Bräutigam sah, verkündete seiner Partnerin lachend: „Der Kerl krepiert ja in den ersten acht Tagen!" Diese Äußerung belastete nicht nur die Feier, sondern war Hauptmann so wesentlich, daß er sie in seine 1937 erschienene Autobiographie aufnahm, wohl um zu demonstrieren, daß sich die Voraussage nicht erfüllt hatte. Neben Carl Hauptmann und seiner Frau Martha aus Zürich war auch der Maler Hugo Ernst Schmidt nach Rügen gekommen. Damit seien, so Gerhart Hauptmann, fünf Menschen vereint gewesen „von den Sieben, denen ‚Promethidenlos' gewidmet war." Die „Sieben" waren aber studentische Freunde aus Jena, denen sich ihr Professor Artur Boethlingk zugesellte. Es sind jene, die „für Wahrheit und Licht" eintraten und sich durch „gewalt'gen Kampfesmut" auszeichneten. Vom „festen Kreis" ist die Rede, vom „Fuß auf einem Gleis". Ihr Abbild in „Promethi-

Als noch keine Dampfer nach Hiddensee fuhren, mußte man sich vor der Fährinsel „abbooten" lassen und kam dann per Fuhrwerk von der Fährinsel nach Hiddensee. In Hauptmanns „Gabriel Schillings Flucht" wird diese Ankunft beschrieben, so daß es nahe liegt, daß Hauptmann 1885 bei seinem ersten Besuch auf der Insel auch diesen Weg nahm.

denlos" ist Selin, „in Träumen welt- und drangvergessen". An Hauptmanns Erinnerung an den ersten
Besuch auf Rügen, kennt man die gerade skizzierten
Zusammenhänge, müssen erhebliche Zweifel angemel-
det werden. Bedenkt man, mit welchem Nachdruck auf
die „Sieben" verwiesen wird, liegt der Gedanke nahe,
daß der Aufenthalt auf Rügen und Hiddensee 1885
auch so etwas wie die gemeinsame Erinnerung an die
ikarische Idee war, die Insel als die Farm, die andere
Gesellschaft. Diese Gemeinsamkeit, die darauf zielte,
Deutschland zu verlassen, stand im Gegensatz zu jenen
Erlebnissen, die selbst auf Capri gestört hatten, wo
Gerhart und Carl Hauptmann ihre „Ansichten über
Reformbedürftigkeit der Gesellschaft" konfrontiert
sahen mit dem Gehabe der deutschen „Siegernation"
und „Siegesstimmung", so Hauptmann im „Abenteuer
meiner Jugend".
Sie waren von Göhren auf Rügen aufgebrochen, durch-
querten die Insel und kamen mit der Fähre nach Hiddensee. So lautet ein karger Bericht Hauptmanns in
einem ausgeschiedenen Teil des fiktiven Tagebuchs
„Buch der Leidenschaft". Wo genau sie über den Bodden fuhren, ist nur noch zu vermuten. Noch gab es keinen ständigen Fährverkehr zwischen Rügen und Hiddensee. Also unterstellen wir, es sei der Weg genommen
worden, den Hauptmann auch „twee Fruenslüt" in
„Gabriel Schillings Flucht", das 1912 uraufgeführte
Drama spielt auf Hiddensee, nehmen ließ: „von Breege
dröben per Sägelboot", dann mit „de olle Mathias von
de Fährinsel mit sinen loahmen Grauschimmel".
Hauptmanns Stück beschreibt das Schicksal seines
Freundes Hugo Ernst Schmidt, der sich vor der Geliebten und der Ehefrau auf die Insel rettet und, nachdem
die beiden Frauen ihm folgen, dort auch stirbt.
Diese Route war ein wesentlicher Zugang zu Hiddensee
bis in die neunziger Jahre des vorigen Jahrhunderts,
wenn man von Stralsund oder von Breege auf Rügen

kam und auf die Insel Hiddensee wollte. Erst dann
wurde eine Schiffsverbindung von Stralsund nach Hid-
densee eingerichtet, zumindest in den Sommermonaten.
Man ließ sich vom Dampfer „Hertha" auf dem Kurs
Stralsund–Breege in der Höhe der Fährinsel absetzen,
„abbooten", um dann mit dem Pferdefuhrwerk durch
die Furt zwischen Fährinsel und Hiddensee zu fahren.
Am 17. Juli 1887 machte erstmals ein Dampfer, die
„Germania", am gerade errichteten Bollwerk von Klo-
ster fest. 1892 nahm der Salon- und Postdampfer
„Caprivi", der in Gerhart Hauptmanns Fragment „Der
Flieger", das ebenfalls auf Hiddensee spielt, genannt
wird, Kloster in seine Route auf.
Die Brüder Hauptmann und ihre Freunde kamen in
Kloster an. Wer aber im Gasthof Schlieker in der Nacht
vom 29. zum 30. Juli 1885 wohnte, ist bis heute nicht
eindeutig. Sicher ist, daß im Gästebuch nacheinander
stehen: Gerhart Hauptmann, Berlin; Carl Hauptmann,
Zürich; Alfred Lottermoser, Dresden; Hugo Schmidt,
Berlin. Wo aber waren die Frauen? Daß Martha und
Marie Hauptmann die Reise nach Rügen mitmachten,
ist belegt. Aber sie waren nicht auf Hiddensee. Möglicherweise haben die Frauen in Arkona auf die Männer gewartet, die am 30. Juli 1885 dort zu ihnen stießen. Briefe aus der Zeit vor der Reise belegen, daß
Hauptmann die Freunde um sich sehen und die Män-
nerfreundschaft pflegen wollte. An den Jugendfreund
Max Müller schrieb er am 20. Juni 1885: „Daß wir
nach Göhren gehen, weißt Du. Kommst Du vielleicht
auch hin? Salzwellen, Meerluft, Einsamkeit. Ich sehne
mich unsagbar danach." Da sind die immer wieder auf-
tauchenden Insel-Attribute. Die Frau des mit nach Hiddensee reisenden Alfred Lottermoser war schon im
Frühjahr 1885 angeregt worden, mit Max Müller ein
Zusammentreffen zu betreiben. Seit Hauptmanns kurzen Studien in Jena gehörte der Pianist Max Müller,
genannt Meo, zu Gerhart Hauptmanns Freundeskreis.

Gruss vom Bord des Dampfers Caprivi.

1892 nahm der Salon- und Postdampfer „Caprivi", der in Gerhart Hauptmanns Fragment „Der Flieger" genannt wird, Kloster in seine Route auf. Hauptmann fuhr mehrmals mit dem Schiff und war dem Kapitän Benzien freundschaftlich verbunden.

Es spricht alles dafür, daß die Frauen die Insel nicht besuchen sollten. Alfred Lottermoser, der mit von der Partie war, gehörte offensichtlich zum Freundeskreis Meos, wurde in Briefen Hauptmanns an Meo genannt und steht im Gästebuch zwischen Carl Hauptmann und Hugo Schmidt. Mehr ist bisher nicht bekannt.

Auch später hat Gerhart Hauptmann versucht, Hiddensee, im Unterschied zu Rügen, als seine Insel zu erhalten und besonders Erlebnisse mit Frauen aus den Texten, in denen die Insel auftaucht, fernzuhalten oder auszuklammern. Gabriel Schilling („Gabriel Schillings Flucht") muß erleben, daß Frauen, die auf die Insel folgen, Gefahr bedeuten. Der Roman „Im Wirbel der Berufung" von 1935 gibt Auskunft, daß auf Rügen lustvoller gelebt wurde als auf der „anderen Insel". Während der Drucklegung des „Buchs der Leidenschaft" schied Gerhart Hauptmann die Beschreibungen seiner Besuche mit Margarete Marschalk 1896 und 1897 auf der Insel Hiddensee aus. Auch jene Passagen, in denen er von „Weh" und „Zerrissenheit" spricht, wenn er beim Zusammensein mit der jungen Geliebten Lella (das ist Margarete) an die Aufenthalte mit seiner ersten Frau auf Rügen denkt, wurden gestrichen. In der Endfassung des „Buchs der Leidenschaft" wird Hiddensee schließlich, nach allen Streichungen, nur ein einziges Mal in einem zusammenfassenden Bericht über den Tod des Vaters genannt (3. Oktober 1898): Auf der Insel erfährt der Erzähler von der „Wendung zum Schlimmen" im Zustand des Vaters. In der Erzählung „Siri" wird die Möglichkeit angedeutet, daß sich Hauptmann mit Ida Orloff auf Hiddensee hätte treffen können, der Hinweis erfolgt beiläufig, die Erzählung wird als Fragment behandelt und von Hauptmann nicht zum Druck freigeben.

Beim ersten Besuch auf Hiddensee schrieb der Dichter „Mondscheinlerche", eines seiner schönsten Gedichte neben dem späten Gedicht über Hiddensee „Die Insel":

Mondscheinlerche

Von dem Lager heb ich sacht
meine müden Glieder;
eine warme Sommernacht
draußen stärkt sie wieder.

Mondschein liegt um Meer und Land
dämmerig gebreitet;
in den weißen Dünensand
Well' auf Welle gleitet.

Unaufhörlich bläst das Meer
eherne Posaunen;
Roggenfelder, segenschwer,
leise wogend raunen.

Wiesenfläche, Feld und Hain
zaubereinsam schillern;
badend hoch im Mondenschein
Mondscheinlerchen trillern.

„Lerche, sprich, was singst du nur
um die Mitternachtsstunde?
Dämmer liegt auf Meer und Flur
und im Wiesengrunde."

„Will ich meinen Lobgesang
halb zu Ende bringen,
muß ich Tag und Nächte lang
singen, singen, singen!"

Der in dem Gedicht beschriebene Vogel, die Mondscheinlerche, die nachts singt, ist der Sprosser, die nor-
dische Nachtigall, ein unscheinbarer kleiner Vogel von
großer Stimmkraft und Melodienfähigkeit, der bei
mehreren Dichtern als Lerche bezeichnet wurde. Auf-

fällig ist, daß in dem Gedicht das lyrische Subjekt allein
ist und mit keinem Wort Partner erwähnt oder sich
nach ihnen sehnt. Das bestätigt die Auffassung, daß die
Männer allein auf Hiddensee waren. Die Einsamkeit ist
auch die, die der Dichter später in seinen Werken und
Tagebüchern oft wünschte. Im „Diarium 1917–1933"
beschrieb er unter „Kloster, 16. 7. 19" eine „Mondnacht am Meer". Da stimmt fast alles mit der „Mondscheinlerche" überein und mit dem, was der Dichter
mit Meer und Insel verband: „Nachtfrieden", „Meer ...
in einer verlockenden Ruheseligkeit", „Stille und
Glanz", „Müdigkeit" und „Ruhe", „Lichtkräfte des
Mondes" usw. In dem Drama „Die goldene Harfe",
das 1933 unmittelbar vor einem Aufenthalt auf Hiddensee vollendet wurde, ertönt der Hymnus auf die
Stunde einer Nacht, die von einem Sprosser geprägt
wird: „Wenn er volle Glockentöne hören läßt, denkt
man etwa an einen See im Elysium, auf dessen glänzen-
den Spiegel glänzende Tropfen von den regenfeuchten
Flügeln eines Engels herabfallen, der darüberfliegt."
C. F. W. Behl, Hauptmanns Gesprächspartner, Freund
und „Eckermann", der beim ersten Vortrag der „Goldenen Harfe" auf Hiddensee dabei war, wurde vom
Text und seinem Schöpfer so stark beeinflußt, daß er
auf dem Heimweg fast Hauptmannsche Vorstellungen
hatte:
„Draußen über der Insel, als ich auf dem Heimweg
war, hatte der Sternenhimmel seine abertausend Lichter
angezündet. Unter dem schwarzen Waldsaum des
Dornbuschs stand ... eine große Wolke, in der von Zeit
zu Zeit ein helles Leuchten gespenstisch aufflammte.
Ich ging wie in einer Verzauberung, und die Musik der
goldenen Harfe klang in mir nach. Zuweilen glaubte
ich das Lied des Sprossers zu vernehmen, das Hauptmann in der eben gehörten Dichtung lobpreist."
Die Nacht auf der Insel und der Gesang des Sprossers
waren die entscheidenden Erlebnisse Hauptmanns auf

Hiddensee. Es waren Erlebnisse eines Einsamen. Hierin fallen das Bild von der Insel, das Hauptmann zu geben suchte, und das gesellige Leben auf der Insel, wie die Hauptmanns es später führten, deutlich auseinander. Der einundsiebzigjährige Dichter veröffentlichte das Gedicht „Mondscheinlerche", das Ergebnis des ersten Besuchs auf Hiddensee, in einem Sonderheft „Hiddensee" der Zeitschrift „Unser Pommerland" (1933, Heft 4/5) und vermerkte, daß er es „im damals einzigen kleinen Gasthäuschen von Gau zu Kloster" geschrieben habe. Gau war Schwiegersohn Schliekers und seit 1897 der Besitzer des Gasthofs Schlieker, der ihm vererbt worden war. Er ließ später, als die kleinen Gasthöfe für die zahlreichen Besucher nicht mehr reichten, das benachbarte Hotel „Dornbusch" errichten. „Von diesem Jahre ab verflocht sich Hiddensee unlöslich in mein Schicksal", fuhr der Dichter fort. Auch hierin erklärt sich, warum Hiddensee in der Autobiographie fehlt: Sie nahm die bis 1889 abgeschlossenen Ereignisse auf, dazu gehörten die Besuche auf Rügen 1885 und 1886; Hiddensee aber blieb bis ans Lebensende des Dichters gegenwärtig.

*Jahrhundertelang lebten die Inselbewohner von der Fischerei. In Hauptmanns Werken begegnen uns die Fischer allerdings nur am Rande. Sein Bild von Hiddensee war vor allem von den landschaftlichen Schönheiten der abgeschiedenen Insel geprägt. Die Aufnahme entstand um 1930 in Vitte.*

## Die Insel war heimatlich schön
## Hauptmanns Aufenthalte bis 1901

Es dauerte, ehe es zur erneuten Begegnung des Dichters mit der Insel kam. Zwar besuchte Margarete Marschalk, die nach der ersten Bekanntschaft 1889 und weiteren Begegnungen mit Hauptmann 1893 seine Geliebte geworden war, 1895 Hiddensee und wohnte ebenfalls im Gasthof Schlieker in Kloster, aber Vermutungen, auch Gerhart Hauptmann könnte mit ihr gereist oder ihr nachgereist sein, werden durch Hauptmann selbst widerlegt. Als er 1896 mit Margarete Hiddensee besuchte und den Aufenthalt später beschrieb, nutzte er das, um sich an die erste Begegnung mit Hiddensee zu erinnern: „Hiddensee, den 8. Juli 1896. Vor etwa zehn Jahren war ich zum ersten Male mit Rauscher hier. Wir waren von Göhren quer über Rügen an den Bodden und dann mittels Fähre herübergekommen. Wir wohnten im Kloster, während wir diesmal in einem Fischerdorfe, Vitte, gelandet sind" (ausgeschieden aus dem „Buch der Leidenschaft"). Rauscher, zuvor auch „Sulzbach" genannt, ist Hugo Ernst Schmidt, der an der ersten Fahrt nach Hiddensee teilnahm. Verschwunden aus der Aufzählung sind Lottermoser und der Bruder Carl, mit dem sich Gerhart Hauptmann schon in den neunziger Jahren zerstritten hatte. Die Gründe lagen in Carl Hauptmanns Reizbarkeit und in seiner finanziellen Großzügigkeit, aber auch in ästhetischen und weltanschaulichen Gegensätzen der beiden Dichter, in Carls Schwanken zwischen Wissenschaft und Kunst und nicht zuletzt in der Anfälligkeit des Bruders für weibliche Schönheit, der Gerhart Hauptmann indessen selbst verfiel.

1896 wohnte Gerhart Hauptmann mit Margarete Marschalk in Vitte, im Gasthaus von Freese, später zum „Hotel zur Ostsee" gehörend. Das Märchenspiel „Die versunkene Glocke", das in engem Zusammenhang steht mit den dramatischen Fragmenten „Der Mutter Fluch" und „Helios", zeigt im Glockengießer Heinrich einen Künstler, der sich zwischen Frau und Geliebter,

Magda und Rautendelein, nicht zu entscheiden vermag
und deshalb beide verliert. Es ist eines der vielen Bei-
spiele für Hauptmanns Schwanken zwischen Marie, der
Ehefrau, und Margarete, der Geliebten. Beiden hat er
Teile des Stücks diktiert, Margarete auf Hiddensee.
Heinrichs Glocke stürzt beim Transport in das Berg-
land in einen See und beginnt dort später geheimnisvoll
zu läuten, wie eine Glocke der untergegangenen sagen-
haften Stadt Vineta. Und da man auf Hiddensee weiß,
daß auf dem Gellen, im Süden der Insel, einst eine Kirche war, deren Fundamente im Meer gefunden wurden
und die einst vorbeifahrenden Kaufleuten Schutz und
Zuflucht gab, ließen sich viele Sagen an den Stoff bin-
den. Für Hauptmann wurde in diesem Jahr die Sage auf
Hiddensee lebendig. Der ständige Klang einer Glockenboje ließ ihn Vineta finden: „Jedenfalls klingt dieser
Tage, die in gleichmäßig schöner Verzauberung Meer
und Insel einhüllen, immerwährendes Läuten an unser
Ohr, als würden da draußen in einem versunkenen
Vineta Feste gefeiert" (8. Juli 1896, ausgeschieden aus
dem „Buch der Leidenschaft"). Da hatte er seine „Ver-
sunkene Glocke" entdeckt, aber auch die versunkene
Stadt aus dem Dramenfragment „Helios", an dem er
ebenfalls arbeitete.
Hiddensee als Vineta oder Atlantis, das gehörte zu
Hauptmanns Bild der Insel und wurde immer wieder
beschrieben. Im Fragment „Der Flieger" warnen die
„Glocken von det versunkene Vineta" vor außerge-
wöhnlichen Ereignissen, wie der Maler Krell erzählt.
Krell verweist auf seinen Gast, den Professor für
Archäologie Schadow, der diese Legende aufgebracht
habe: „Ick meine die Glockenboje, Professor, Sie haben
det ufjebracht."
Der Dichter blieb der Insel treu. Auch 1897 bis 1899
war er regelmäßig Gast. 1897 begleitete ihn sein Neffe
Peter (1883–1917), Sohn des ältesten Bruders Georg
Hauptmann und Adeles, geborene Thienemann. Mit

ihm besuchte er am 20. und 21. Juli 1897 den Leucht-
turm. Hauptmann interessierten die Vögel, die sich „an
dem dicken Glas der Laterne zerschmettern". Im übrigen bildete sich zunehmend *Hauptmanns Hiddensee-
Bild* heraus, der Entwurf im Kopf wurde mehr und
mehr bestätigt: „Die Lerchen sind Hiddensee treu geblieben, sie singen trotz grauer Regentrübe überall und
eifrig. Die Sonne hat auch schon gestern ein Schauspiel
gegeben. Perlmutterglänzend das Meer, und ihre Licht-
ströme weich und himbeerfarben aus dem Unsichtba-
ren dahinter empor. Dazu im Westen, neben der alten
Windmühle, ganz auf dem Rasen scheinbar ruhend, der
blaß-aufsteigende Mond. Es ist überall das alte, liebe
Bild: Grasfläche, die Fischerdörfchen mit gemütlichen
Strohdächern und weißgetünchten Mauern, die blonden Mammutgestalten der Fischer in blauen Leinwand-
kitteln." Und immer wieder beeindruckten Hauptmann
die „Lerchen", die doch Sprosser waren: „Warum singt
denn die Lerche immer, immer und immer?"
1898 konnte Hauptmann nur vier Tage auf Hiddensee
sein, da ihn die Nachricht zurückrief, daß sein Vater im
Sterben liege. Dabei hatte ihn gerade diesmal seine Insel
besonders fasziniert: „Die Insel war so wunderbar hei-
matlich schön wie noch nie zuvor. Als wir die grüne
Tafel der Wiesen betraten, die sich so weit dehnt,
jauchzten wir. Ich rannte und sprang und fühlte mich
göttlich leicht. Der Dampfer trug uns durch Brackwas-
ser. Nun suchten wir, inbrünstig und sehnsüchtig, über
Wiesen und Dünenhügel, durchs Heidekraut stolpernd,
das Meer." Auffallend ist, daß Hauptmann die Insel
immer als flaches Eiland sah und den Norden der Insel
nicht zu bemerken schien. Der Besuch löste Ideen zu
dem Stück „Veland" aus: Das Drama über Wieland,
den Schmied, wurde begonnen. Begleitet wurde er ein
letztes Mal von Hugo Ernst Schmidt, dem Freund aus
Breslau und Berlin, dem Begleiter von 1885, der 1899
starb und als Gabriel Schilling auferstand.

*Auf dem Gellen im Süden Hiddensees hatte im Mittelalter eine Kirche gestanden,
die den seefahrenden Kaufleuten Schutz bot. Eine Hafenanlage gab die Möglichkeit,
an Land zu gehen. Nur noch Grundmauern draußen im Meer erinnern daran und
lassen Visionen entstehen, so etwa die der untergegangenen Stadt Vineta, die auch
Hauptmann beschäftigte. Eine Glockenboje war für Hauptmann der Anlaß, an
Feste zu glauben, die in seinem Vineta gefeiert würden.*

Eine entscheidende, weil überaus intensive Begegnung mit Hiddensee fand 1899 statt. Als Hauptmann Mitte August mit Margarete Marschalk auf der Insel eintraf, fand er den Boden „ausgebrannt wie selten" vor; gerade in der Ärmlichkeit sah er die Schönheit: „Ich liebe alle die Hungerblümchen, die in ihrer Armut so überaus lieblich sind." Besinnlichkeit, Wehmut und intensive Arbeit bestimmten die Wochen auf Hiddensee. Aber auch Freunde traf er: Robert Kahn, den Pianisten und Komponisten, der in Berlin lehrte, und dessen Bruder Paul. Das Tagebuch quillt über von Einfällen, Ansätzen und poetischen Formulierungen, deren schönste ist: „Schimmernd durch die langen Nächte / sternenschleier-überkrönet / schläft das Meer und atmet ruhig." Hier stellt sich bei Hauptmann der sonst ungewohnte Stabreim (schimmernd, stern, schläft) ein und entspricht in kaum überbietbarer Vollkommenheit dem Anlaß, selbst das Geräusch des Meeres noch nachahmend. Das wichtigste literarische Erlebnis Hauptmanns wurden die Gedichte Annette von Droste-Hülshoffs (1797–1848), die er abends vorlas und in ihrer Bedeutung neben Shakespeare stellte. Mag sein, daß hier Hauptmanns Begegnungen mit Peter Hille (1854–1904) um die Jahrhundertwende nachwirkten, der, Landsmann der Poetin und selbst Dichter, unermüdlich das hohe Lied der Droste sang, sich aber auch 1900 nachdrücklich für Hauptmanns „Schluck und Jau" einsetzte.

Für das eigene Werk entstand „das erste, sehr umfassende Grundschema für die Nibelungen" (28. August 1899), „In drei Teilen und einem Vorspiel. Jeder Teil zu fünf Akten", beginnend in der „Nibelungenfeste in der Mark zu Norweg". Wer wollte da nicht an die Abgeschiedenheit Hiddensees denken?

Am 31. August 1899 schrieb er von Hiddensee an seine Frau Marie, die in einem anderen Seebad weilte, einen Brief mit Ratschlägen, wie man sich an der See ver-

1901 wohnte Gerhart Hauptmann in
der Pension von Theodor Nehls in Vitte,
dem späteren „Logierhaus zur Post".
Die drei Söhne aus der Ehe mit Marie
besuchten ihn dort: Ivo, Eckart und
Klaus. Im Tagebuch notierte Hauptmann am 20. Juli 1901: „Hiddensöe.
Jungens kommen. Grete abgereist."

halte: „Die ersten Tage bade keinesfalls. Hernach höchstens einen Tag über den Andern bei warmem Wetter und Neigung fürs Bad. So! – Ferner: sei vom zweiten und dritten Tage an viel, sehr viel am Strand; dicht am Wasser mache Deine Spaziergänge, dort ist die Luft am meisten stärkend." Und schließlich teilte er über seine Arbeit mit: „Einen gewaltigen Plan habe ich hier festgelegt. Die Nibelungen in drei Teilen. Aber davon Hand auf den Mund, Mausel! denn das soll mal wirklich eine Überraschung werden für die deutsche Kunstwelt."
1901 wohnte der Dichter in der Pension von Theodor Nehls in Vitte, dem späteren Logierhaus zur Post, schließlich Hotel zur Post, das vor einiger Zeit ausbrannte. Ihn besuchten seine Söhne aus erster Ehe Ivo, Eckart und Klaus. Das Tagebuch vermerkte unter dem 20. Juli 1901 lapidar: „Jungens kommen. Grete abgereist." Es blieb der einzige Eintrag über den Aufenthalt. Die Beziehung der Söhne aus der Ehe mit Marie zu Margarete Marschalk war anfangs weitgehend vernünftig und verschlechterte sich erst nach der Geburt Benvenuto Marschalks 1900. Vermutlich in diesem Jahr hatte sich auch der Wunsch gefestigt, ein eigenes Haus auf Hiddensee zu besitzen. Es sollte wahrscheinlich die Pension „Heiderose" zwischen Vitte und Neuendorf gegenüber der Fährinsel sein, in der Hauptmann ein Heim für alte Schriftsteller und ein Sommerhaus für sich einzurichten gedachte. Indessen konnte auch der Hauptmann-Forscher Gustav Erdmann, der der Sache nachging, die Angaben nicht endgültig sichern. Den Vater des Besitzers der „Heiderose" Paul Krüger, den Lehrer Friedrich Krüger aus Neuendorf, hatte Hauptmann bereits 1899 kennengelernt. Aber der Plan zerschlug sich, die Gründe sind unbekannt.

*Im Gasthof von Freese in Vitte (oben) diktierte Gerhart
Hauptmann 1896 seiner Geliebten Margarete Marschalk Teile
der „Versunkenen Glocke".Das „Gasthaus zur Heiderose"
war möglicherweise 1910 der Aufenthaltsort Hauptmanns; er
wollte die Pension kaufen, um darin ein Heim für alte Schriftsteller und für sich ein Sommerhaus einzurichten. Der Kauf
kam nicht zustande.*

# Seebad und Künstlerkolonie Hiddensee
## Die Aufenthalte nach 1901

· Folgende Doppelseite: Nach der Jahrhundertwende wurde Hiddensee sehr schnell zum bekannten Bad. Während die einen wie Max Kruse „Ehre und Anstand" bei den Bademoden einhalten sehen wollten, erfreute sich Hauptmann an den „ganz nackten Frauenkörpern", ohne die er seinen Roman „Die Insel der Großen Mutter" nicht geschrieben hätte.

1901 war „Haus Wiesenstein" im schlesischen Agnetendorf fertig geworden, 1904 wurde Hauptmann von Marie geschieden und heiratete Margarete Marschalk. 1906 kam die kurze, wilde Liebe zu der Schauspielerin Ida Orloff; aber die unberührte Kind-Frau entpuppte sich als liebeserfahren. Hiddensee trat zurück. Erst jüngst, bei der Veröffentlichung der „Tagebücher 1906–1913", ergab sich, daß Hauptmann nicht erst, wie bisher angenommen, 1916 nach Hiddensee zurückkehrte, sondern möglicherweise auch 1910 auf Hiddensee war, sicher nur kurz. Vielleicht war es der Aufenthalt, über den es Gerüchte gibt und über den sich später der schon erwähnte Forscher Gustav Erdmann und der Besitzer der „Heiderose" Paul Krüger nicht einigen konnten: Er soll nach 1903 und lange vor 1916 gewesen sein, und möglicherweise habe da Hauptmann auch in der „Heiderose" gewohnt.

Hauptmann hatte bereits in den neunziger Jahren Sorge um sein Hiddensee. In einem Brief vom 26.8.1899 an Otto Brahm, nur im Auszug aus einem Antiquariatskatalog bekannt, schrieb er, während er in Vitte am „Armen Heinrich" und „einem possenhaften Lustspiel" („Schluck und Jau") arbeitete: Hiddensee sei nun „eins der lieblichsten Eilande, nur stille, stille, daß es nicht etwa ein Weltbad werde". In „Gabriel Schillings Flucht" sagt Professor Ottfried Mäurer, der Bildhauer und Radierer mit Zügen Max Klingers (1857–1920): „Diese Klarheit! Dieses stumme und mächtige Strömen des Lichtes! Dazu die Freiheit im Wandern über die pfadlose Grastafel. Dazu der Salzgeschmack auf den Lippen. Das geradezu bis zu Tränen erschütternde Brausen der See ..." Und die Violonistin Lucie Heil, begeistert von der Droste, befürchtet im gleichen Stück: „Es wäre gar nicht gut, wenn die Insel bekannt würde; dann käme erst mal das ganze Großstadtgewimmel darüber hereingebrochen, dann wär's mit ihrer Schönheit wohl aus."

Die Luftaufnahme zeigt die beherrschende Lage der Lietzenburg (oben),
den Strand, an dem sich Thomas Mann und Gerhart Hauptmann zum Baden trafen
(links), und die Seenotrettungsstelle, die in Hauptmanns „Gabriel Schillings Flucht"
beschrieben wird (rechts unten).

„Gabriel Schillings Flucht" spielt um 1900; als es 1905
bis 1907 entstand, waren die Befürchtungen zum Teil
Wirklichkeit geworden. 1910 war Hiddensee berühmt:
In Kloster und Vitte standen moderne Gasthöfe und
Hotels; die Insel war inzwischen gut zu erreichen und
galt als Ort der Künstler. Adolf Wilbrandts Roman
„Hiddensee" (1910) und Konrad Maß' Roman „Zum
Licht" (1910) taten ein übriges: „Hiddensee ist in
Mode gekommen; es ist guter Ton, hierher zu gondeln
oder wenigstens hier gewesen zu sein" hieß es in Wilbrandts Roman. Die Zahl der Badegäste ging nun in
die Tausende, Tagesbesucher nicht mitgezählt. Es war
das eingetreten, wovor sich Hauptmann gefürchtet
hatte. Er war erschüttert und ernüchtert. Unter dem
20. August 1910 heißt es im Tagebuch: „Scheinbare
Irrwege. Hiddensoe. Es ist ein ekelhaft bekrochenes
Eiland geworden. Ein dickes Weib hat eine Villa errichtet, und malt frech vor der Tür mit zwei Centnern am
Leibe. Fürchterlich! – Wir waren in Heringsdorf – Jahr-
markt – Ein beschmutzter Strand!" Es fallen aber keine
Namen. 1907 hatte der Geheimrat Lehmann neben der
Scheune der Bäckerei Schwartz in Vitte, die später die
„Blaue Scheune" wurde, ein Sommerhaus errichten lassen, in dem seine kunstbegeisterte Frau Henni Lehmann (1867–1937) malte, dichtete und musizierte. Die
Scheune wurde später ebenfalls zum Arbeits- und Aus-
stellungshaus. Um die vielseitige Geheimratswitwe, die
sich 1937 das Leben nahm, sie war Jüdin, sammelten
sich andere Künstlerinnen, mit denen sie 1922 den
„Hiddensoer Künstlerinnenbund" gründete. Vielleicht
meinte Hauptmann sie. Zu nachweisbaren Begegnungen mit ihr kam es nicht; soweit bekannt ist, verlor
Hauptmann auch kein Wort über den „Künstlerinnenbund", obwohl die „Blaue Scheune" und der Bund
nicht zu übersehen und auch im Leben der Insel präsent
waren. Das alles aber entsprach weder seinem Hidden-
seebild noch seinen Vorstellungen von Seriosität, zumal

er von politisch tätigen und emanzipierten Frauen nichts hielt.

Seit 1916 war der Dichter bis an sein Lebensende, von wenigen Jahren abgesehen, regelmäßig auf Hiddensee, nur die Aufenthaltsorte wechselten noch mehrfach. Der Wunsch, auf der Insel seßhaft zu werden, wurde intensiver verfolgt. Als er im Spätsommer 1916 in Kloster war und dort bis zum 1. Oktober blieb, begann er mit dem Roman „Die Insel der Großen Mutter", der ohne Hiddensee nicht denkbar wäre. In einer elysischen Landschaft, auf einer Insel der Seligen, versammelte Hauptmann in diesem Roman Frauen, die ihn begeisterten und die nun, durch das Unglück aus ihren Bindungen gerissen, nur die Bindung mit dem Genius, mit Phaon eingehen können. Hauptmann war stolz und glücklich, wenn er durch seine Freunde, vor allem Arnold Gustavs und Hans von Hülsen, als Genius bezeichnet wurde. Aber Phaon ist noch mehr als ein Genius: Miß Laurence Hobbema, das Abbild Maries im Roman, sieht in ihm Hyperion, den Sohn des Sonnengotts Helios. Auf der Insel hat er alle Frauen für sich und darf mit allen leben, mit allen zeugen, darf ihnen fast ein Gott sein. Die Lebens- und Liebeserfahrungen Hauptmanns und die daraus entstandenen Wünsche wurden auf Phaon übertragen. Er ist schließlich nicht nur der die Handlung treibende lebendige Eros, sondern die Verwirklichung des Traums, sich auf der Insel eine eigene Welt der Liebe zu schaffen. Das alles spielt sich ab auf „einer herrlich und verlassen prangenden, von Gebirgen überhöhten Insel", die zwar in den „südlichen Teil des Stillen Weltmeers" verlegt wird, aber nur wenig verhüllt Hiddensee ist. Die Insel lege sich, so wird beschrieben, „hufeisenartig um einen weiten Golf, der nur im Westen durch ein schmales Felsentor mit dem Meere verbunden war". Die Verbindungen des Boddens zur See sind schmal, der Teil um Kloster – großzügig gesehen – sieht wie ein Hufeisen

aus. Es fällt nicht schwer, zumal wenn man an die
„nackten Frauenkörper" denkt, Hiddensee auch als
„Île des Dames" zu bezeichnen, Kloster als „Port des
Dames", den Dornbusch als „Mont des Dames".
Natürlich sind die wirklichen und die literarischen Orte
nicht identisch; Hauptmanns Genialität bestand ja
darin, aus mehreren Erlebnissen ein literarisches Ereignis, aus mehreren Menschen eine literarische Figur, aus
mehreren Orten eine literarische Landschaft entstehen
zu lassen. Zu Hiddensee kamen italienische Landschaften, vor allem Capri. Aber will man sich die Insel der
Großen Mutter bildlich vorstellen, eignet sich Hiddensee dafür, *Hauptmanns Hiddensee*: eine schöne, erfüllte
und harmonische Landschaft und eine einsame, fast
mönchische Abgeschiedenheit, die künstlerische Arbeit
ermöglicht.
Zu seinem Freund Behl bemerkte Hauptmann über die
„Insel der Großen Mutter": „Ich hätte sie wohl nie
geschrieben, hätte ich nicht jahrelang auf Hiddensee die
vielen schönen, oft ganz nackten Frauenkörper gesehen
und das Treiben dort beobachtet." Daß sich nach der
Jahrhundertwende Hiddensee schnell wandelte und der
Badebetrieb zunahm, daß es dabei viele Künstler
waren, die auf die Insel kamen, beförderte das unge-
zwungene Leben, auf das Hauptmann hier anspielt und
das in anderen Badeorten noch undenkbar war. Das,
was Hauptmann begeisterte, verärgerte andere, denn es
gab auch Eingaben an den Landrat, in denen gefordert
wurde, das Nacktbaden zu verbieten, um „Ehre und
Anstand" zu bewahren. Hauptmanns Freund, der Bildhauer Max Kruse (1854–1942), gehörte zu denen, die
sich über die nackten Badegäste am Strand entrüsteten.
Er beobachtete mit dem Fernglas von der Terrasse der
Lietzenburg aus, wer nicht in korrekter Badebeklei-
dung, also ohne den körperverhüllenden Badeanzug,
oder gar nackt erschien und sorgte dafür, daß bei Ver-
stößen Strafmandate verteilt wurden.

*Gerhart Hauptmann wollte die Lietzenburg, auf der er zwischen 1917 und 1920
den Sommer verbrachte, 1918 kaufen. Die Summe von 110 000 Mark hätte er
bezahlt, wünschte aber einen Landstreifen bis zum Meer. Da ihm dieser verweigert
wurde, scheiterte der Kauf.*

Das Jahr 1917 brachte Hauptmann zwei wesentliche Begegnungen auf Hiddensee: die mit der Lietzenburg, auf der er erstmals wohnte, und die mit dem Inselpfarrer Arnold Gustavs, aus der sich eine lange Freundschaft entwickelte, von der später noch ausführlich zu berichten sein wird. Die Lietzenburg, ein Bau des deutschen Jugendstils, aber auch geprägt vom englischen Landhaus, hatte sich der Berliner Landschaftsmaler Oskar Kruse (1847–1919), von den Freunden „Onkel Os" genannt, 1904/05 von Otto Wilhelm Spalding und Alfred Grenander bauen lassen; die Bäume um die Burg soll Oskar Kruse selbst gepflanzt haben. Obwohl aus den Bäumen längst ein Wald geworden ist, sieht man die Lietzenburg noch heute ragen, wenn man sich mit dem Schiff Kloster nähert. Ihr Name folgte der Lietzenburger Straße in Berlin-Charlottenburg, in der die Kruses ihren festen Wohnsitz hatten. In der dortigen „Lietzenburg zu Berlin" verkehrte auch Hauptmann; die Bekanntschaft Hauptmanns mit den Kruses reichte in die achtziger Jahre zurück.

1902 war Oskar Kruse erstmals in Vitte und wohnte im Gasthaus Freese, in dem Hauptmann einige Sommer zuvor sein Quartier genommen hatte. Die Vermutung liegt nahe, daß Hauptmann die Kruses auf Hiddensee hingewiesen hatte. Oskar Kruses Bruder Max, seit 1902 mit der Schauspielerin Käthe Simon (1883–1968) verheiratet, die die Käthe-Kruse-Puppen schuf, hatte 1897 eine berühmt gewordene Holzplastik Hauptmanns geschaffen.

Durch Max Kruse bestand auch eine direkte Beziehung zum Monte Verità und seinen Kolonisten. Seit dem Ausgang des 19. Jahrhunderts wurden in der Landschaft am oberen Lago Maggiore utopische Pläne geschmiedet und große Lebensentwürfe, frei von staatlichen Ordnungen, verwirklicht. Es waren Modelle einer klassenlosen Gesellschaft, in der das Subjekt, besonders das künstlerische, ein Höchstmaß ein Frei-

heit erhalten sollte. Man erstrebte ein in landschaftlicher Schönheit entstehendes Paradies, das der Gegensatz zu einer technisch und zivilisatorisch überlasteten Welt sein sollte. Diese Ideen erlebten 1904 ihren Höhepunkt. Erich Mühsam, mit Hauptmann bekannt und 1922 Gast des Dichters auf Hiddensee, wollte sogar Land kaufen, um sich dort ständig niederzulassen, hoch auf dem Berg der Wahrheit und Freiheit, mit dem Wissen um die Schönheiten des norditalienischen Tieflands. Gebirge und Tiefland waren für die Künstler nicht nur Landschaften, die mit unterschiedlichen, ja gegensätzlichen geistigen Inhalten versehen wurden, sondern auch Spannungsräume, in denen sich zu leben lohnte. Gerhart Hauptmann kannte durch seine Italienreisen solches Denken. 1904 waren auf dem Monte Verita Gemeinschaftsgebäude errichtet worden; 1905 plante Max Kruse dicht daneben eine Künstlerkolonie.
Das, was dort im Ansatz verwirklicht wurde, entstand als Künstlerkolonie auf Hiddensee, im Kreis um „Onkel Os".
Hauptmann war bei seinem Besuch auf der Insel 1916 entsetzt. Zu seinem Freund Behl sagte er 1932, als er seine Beziehung zu der Insel erklärte: „Ja, als ich nach längerer Unterbrechung wieder auf die Insel kam und Strandkörbe vorfand, wollte ich eigentlich sofort fliehen!" Er floh nicht. Vielmehr verstärkte sich der Wunsch, ein eigenes Haus auf Hiddensee zu besitzen. Nachdem er 1917 die Lietzenburg gemietet hatte, hier wurde „Der Ketzer von Soana" abgeschlossen, ein mit der elysischen Landschaft Hiddensees korrespondierendes Werk, wollte er 1918 das Haus kaufen. Hauptmann hielt sich mit Erica Hauptmann, der Frau seines ältesten Sohns Ivo, und dem Enkel Gerhart auf Hiddensee auf. Oskar Kruse, inzwischen alt und kränklich, war zum Verkauf bereit, „Haus und einen Finger breit Land rings herum", und Hauptmann hätte auch die geforderten 110 000 Mark gezahlt, wenn Kruse zu dem

*Folgende Doppelseite:*
*Auch heute noch findet sich auf Hiddensee an vielen Orten die Stille, die Hauptmann so sehr schätzte.*

Haus „einen Landstreifen bis zur See" (Brief an Arnold
Gustavs vom 4.12.1918) hinzugegeben hätte. Aber
gerade das lehnte Kruse ab. Oskar Kruse starb 1919 im
„Haus am Meer", wo er wohnte, weil Hauptmann
seine Burg gemietet hatte. Während der Inflation 1923
verkauften die Kruses Stück für Stück des Landes und
hatten dadurch eine sichere finanzielle Grundlage.
Auch „Haus Seedorn" und das Kurshaus des heutigen
Instituts für Ökologie stehen auf einstigem Besitz der
Kruses. Mit Max Kruse bestand eine dauernde und
gute Freundschaft, die selbst im Alter erhalten blieb,
wie Hauptmanns Dankesbrief nach dem 70. Geburtstag zeigt, nachzulesen bei Gustav Erdmann: „Die Szene
im Dachgarten der Lietzenburg zu Berlin – lang, lang
ist's her! – rührt mich einigermaßen. Jene Zeit aber
kann ich nicht zurückwünschen. Der Kampf, in dem
ich damals gestanden habe, war denn doch allzu-
schwer." Wahrscheinlich ging es in dieser erinnerten
Szene um Hauptmanns Schwanken zwischen Bildhau-
erkunst und Dichtung.
Trotz der Absage Oskar Kruses mietete sich Hauptmann auch 1919 und 1920 auf der Lietzenburg ein.
Eine Mondnacht im Juli 1919, ähnlich jener ersten Begegnung mit Hiddensee 1885, wurde zum Ereignis:
„Das Meer dehnt sich und glitzert in einer verlockenden Ruheseligkeit. Stille und Glanz gewinnen mehr und
mehr etwas magisch Betörendes. Eigne Müdigkeit
drängt sanft zur Ruhe. Man möchte ins Meer hineinge-
hen und sich willenlos wohlig ihm überlassen. Sind es
die Lichtkräfte des Mondes in der selig befriedigten Un-
endlichkeit der See, die einen sanft-seligen Tod vorspie-
geln?" Er fühlte sich als Einsiedler, schrieb „Waldbücher", die für Eremiten gedacht waren und in denen
eine Harmonie zwischen Mensch, Natur und Mythi-
schem entwickelt wurde. Auch die Priesterin Laurence
Hobbema in der „Insel der Großen Mutter" führt ein
solches „Waldbuch" über ihre geistigen Beziehungen.

Wohnstätten Gerhart Hauptmanns auf
Hiddensee: das „Haus am Meer" (linker
Pfeil), die Lietzenburg (Mitte) und
„Haus Seedorn" (rechts).
Im „Haus am Meer" kam es 1924 zu
der Begegnung zwischen der Familie
Mann und den Hauptmanns. Hier
feierten sie Katia Manns Geburtstag,
Mynheer Peeperkorn hatte seine große
Zeit. Von den Balkonen des Hauses
sprachen die beiden Dichter zu den sie
feiernden Schulklassen, wenn auch mit
sehr unterschiedlichem Erfolg, denn
Hauptmann war kein begnadeter
Redner.

Emil Orlik, Mitglied der Berliner Secession, und Theodor Däubler kamen zu Besuch auf Hiddensee: Der eine riet Hauptmann zu einem Detektivroman und nannte Edgar Allan Poe als Vorbild, der andere genoß die schönen Abende und den Vortrag aus Hauptmanns „Großem Traum". Däubler und Hauptmann, die sich nach der Bekanntschaft auf Hiddensee mehrfach, auch in Agnetendorf, trafen, fanden sich in der Überlegung, daß Heidentum und Christentum eine höhere Einheit eingehen könnten, ein Gedanke, der Hauptmanns Ideenwelt seit den neunziger Jahren, vor allem seit der Reise nach Italien prägte. Während aber Däubler in Apollo die Lichtgestalt mittelmeerischer Kultur und Kunst sah, war es für Hauptmann Dionysos. Insofern bildeten die beiden Dichter bei aller Ähnlichkeit einzelner Ideen auch einen spannungsreichen Gegensatz. Hiddensee war der rechte Ort, um Übereinstimmung und Gegensatz zu spüren; man fühlte sich wie in einer platonischen Akademie.

1921 bemühten sich die Hauptmanns um Unterkunft im „Haus am Meer" in Kloster, seit 1913 als Pension geöffnet. Sie erhielten anfangs keine Nachricht. Pfarrer Gustavs bekam den Auftrag, wie später viele andere, sich zu kümmern, auch ein oder zwei „Fäßchen Wein bis zu unserer Ankunft in Ihren Keller zu nehmen. Ich bin leider ein unverbesserlicher Weintrinker" (Brief an Arnold Gustavs vom 31.5.1921). Die Vermittlung gelang, und für die Jahre bis 1924 blieb die Pension der Ida von Sydow (nicht zu verwechseln mit Clara von Sydow) „Haus am Meer" in den Sommermonaten Hauptmanns Adresse. Clara von Sydow war auch Schriftstellerin; ihr Roman „Einsamkeiten" spielt zu großen Teilen auf der Insel. Die Pension galt als Vorzugsadresse auf Hiddensee. Große Namen sind mit dem „Haus am Meer" verbunden: Albert Einstein, der in den zwanziger Jahren Kloster besuchte und mit Hauptmann bekannt war, Thomas Mann mit Familie, Käthe

*Zu den prägenden Eindrücken gehören die reetgedeckten Häuser. Den Hiddenseern wächst das Material bis an die Grundstücke heran; sie brauchen es nur zu schneiden. Was einst aus Sparsamkeit genutzt wurde, gehört heute zu den besonders kostspieligen Ausstattungen. Aber was wäre die Insel ohne ihr Schilf …?*

Kollwitz, Friedrich Hollaender ... Die „goldenen
Zwanziger" waren eine besondere Zeit für Hiddensee,
eine eigene Kulturgeschichte der Insel ließe sich schrei-
ben: Unter den Gästen waren Ernst Barlach, Lion
Feuchtwanger, Sigmund Freud, Eduard von Winter-
stein, Gustaf Gründgens ... Auch hier müssen wenige
Namen für ein Ensemble stehen.

Zu der Zeit, als Hauptmann sich um den Aufenthalt
bemühte, war Frau von Sydow mit dem Stralsunder
Buchhändler Heinrich Buksch verheiratet, nahm aber
später ihren alten Namen wieder an. Hauptmann ent-
sann sich in den „Annalen 1938" an das „Haus am
Meer" der Frau von Sydow, in dem er auch den Schauspieler, Sänger und besonders als Rezitator erfolgrei-
chen Ludwig Wüllner (1858–1938), „eine großgeartete
Erscheinung ... mit meiner Epoche allenthalben ver-
knüpft", „ein Typus ganz für sich", mehrfach
traf.

Überhaupt: Die Begegnungen auf Hiddensee brachten
Animositäten und Zuneigungen. Bekannte waren Asta
Nielsen im „Karusel" in Vitte und ihr Besucher Joa-
chim Ringelnatz, Zuckmayer, im Haus gegenüber von
den Hauptmanns, ähnlich nah wohnend der Schauspieler Otto Gebühr, häufiger Gast bei Hauptmanns, aber
auch Ernst Toller, mit dem Hauptmann nichts im Sinne
hatte und den er doch treffen mußte, wohnte man doch
dicht bei dicht. Die Reihe ist stattlich, und wollte man
sie beschreiben und den Beziehungen nachgehen, ent-
stünde ein neues Buch: Gerhart Hauptmann und seine
Bekanntschaften auf Hiddensee.

Daß der Dichter schließlich das „Haus am Meer" auf-
gab, hing mit der Unruhe zusammen, die durch die
berühmten Gäste in das Haus kam. Aufregung durfte
um Hauptmann nur sein, wenn er selbst sie ausgelöst
hatte wie seine Abendgesellschaften und bacchantischen Lustbarkeiten. Nach dem gemeinsamen Aufenthalt Gerhart Hauptmanns und Thomas Manns im

„Haus am Meer" schrieb Hauptmann am 3. Dezember
1924 an seinen Freund Gustavs: „Hiddensee ist ein biß-
chen allzulebendig geworden, aber trotz alledem und
alledem: seine übrigen Reize wirken so stark, daß sie
uns wohl wieder in ihre Netze ziehen werden."
1927, man war ein Jahr vorher erstmals in „Haus Seedorn" gewesen, gab Margarete Hauptmann über das
Leben auf Hiddensee ausführlich Hauptmanns engem
Freund Max Pinkus Auskunft. Beschrieben wurden
sonnige Badetage, aber auch, wer an den Gesellschaften
Hauptmanns teilnahm: Max Kruse, Samuel Saenger,
Mitarbeiter an der „Neuen Rundschau", und seine
Frau Irma, eine Violinvirtuosin, die neben „Haus Seedorn" wohnten, der amerikanische Dichter George Syl-
vester Viereck, mehrere Ärzte, Politiker, Musiker, Sän-
ger, „der hiesige Pastor und Keilschriftgelehrte Gusta-
vs", dazu Vertraute aus der Region wie der
Regierungspräsident Dr. Haußmann und viele andere.
Die Gesellschaften umfaßten bis zu 16 Personen.

## „Haus Seedorn"
## Abgeschiedenheit in unruhiger Zeit

1926 mietete Hauptmann von der Gemeinde Kloster das „Haus Seedorn". Damit begann die letzte Phase der Beziehungen Hauptmanns zu der Insel. 1920 hatte der Berliner Glashüttendirektor Modler seiner Freundin Raeth „Haus Seedorn" gebaut. 1926 mietete Hauptmann das Haus von Fräulein Raeth, die das Haus allerdings verkaufen wollte. Im Herbst 1926 trat die Gemeindevertretung zusammen, weil der Regierungspräsident Dr. Haußmann empfohlen hatte, das Grundstück durch die Gemeinde erwerben zu lassen. Wiederum ebnete ein Vertrauter Hauptmanns den Weg. Das Haus, das die Gemeinde für 30 000 Mark erworben hatte, stand nun den Hauptmanns zur Miete zur Verfügung. Wesentlichen Anteil an dieser Entwicklung hatte Arnold Gustavs, der sich deshalb mancherlei Ärger in der Gemeindevertretung zuzog und sich ständig an das „Schmerzenskind Haus Seedorn" erinnern lassen mußte. 1928 betrieb die Gemeinde aus Finanznot und wegen der Unterhaltungskosten den Verkauf des Hauses und ließ auch bei Hauptmann anfragen, der dann für 33 000 Mark das Vorkaufsrecht erhielt. 1930 wechselte das Haus für 32 000 Mark seinen Besitzer, wobei Hauptmann 10 000 Mark bar zahlte. Im Winter 1930/31 wurde nach Entwürfen Hauptmanns, umgesetzt durch den Dresdener Architekten Arnulf Schelcher, ein Freund der Söhne Hauptmanns, „Haus Seedorn" durch Anbauten erweitert: Kreuzgang, Arbeits- und Speisekammer sowie ein großzügig angelegter Weinkeller, wo Hunderte von Flaschen in Tonröhren gelagert werden konnten, entstanden. Aus den wenigen Skizzen Hauptmanns geht hervor, daß er vor allem ein großes Arbeitszimmer und eine weiträumige Terrasse wünschte. „Haus Seedorn" war für Gerhart Hauptmann die endgültige Adresse auf Hiddensee geworden. Nachdem Gerhart Hauptmann 1930 in das eigene Haus ziehen konnte, entwickelte sich auch eine freundschaftliche Beziehung zum Mitbegründer der benach-

Von „Haus Seedorn" hatte man, als Hauptmann es 1930 von der Gemeinde Hiddensee erwarb, einen Blick auf Meer und Bodden. Das Haus stand frei in der Landschaft. Hauptmann mietete „Haus Seedorn", das ein Berliner Glashüttendirektor für seine Freundin gebaut hatte, erstmals 1926. Das Grundstück stammte von Max Kruse. Als Hauptmann das Haus schließlich kaufte, ging sein Plan von 1918 auf andere Art in Erfüllung, von den Kruses ein „Haus und einen Landstreifen bis zur See" – gemeint war damals die Lietzenburg – zu erwerben.

barten Biologischen Forschungsanstalt, Prof. Dr. Fritz Gessner. Wöchentlich zwei- bis dreimal zog es Hauptmann in das Institut, in dem er dann gemeinsam mit Gessner mikroskopierte. Mit gleicher Häufigkeit, so berichtete Fritz Gessner später, wurden die Nächte durchzecht. Manche Anekdote aus dieser Zeit blieb erhalten, unter anderem die folgende: Das Institut litt unter chronischem Geldmangel. Andererseits baten begüterte Sommergäste, aber auch weniger wohlhabende darum, daß Fritz Gessner die Bekanntschaft mit Hauptmann vermittle oder es so einrichte, daß man den berühmten Dichter und Nobelpreisträger wenigstens aus nächster Nähe sehen könne. Die Bitten wurden erfüllt, die Sommergäste trafen Hauptmann im Institut. Gessner kassierte dafür einen Obolus, mit dem er die Finanzmisere des Instituts milderte. Besonders einträglich wurde es, wenn die Besucher mit Hauptmann fotografiert werden wollten. Bilder, auf denen Hauptmann und Gessner zu sehen sind, finden sich im Archiv des Instituts. Ähnliches berichtete der Arzt Herbert Glienke für 1941; der Maler Olaf Petersen bot an, ihn für eine Begegnung mit Hauptmann unentgeltlich zu malen.

Die Beziehungen zu den Wissenschaftlern hatten sich zuerst alles andere als freundlich entwickelt. Um unliebsame Gäste vom „Haus Seedorn" fernzuhalten, hatte der Dichter von Max Kruse zusätzlich ein anliegendes Birkenwäldchen für 16 000 Mark gekauft und beides, sein Anwesen und das erworbene Wäldchen, umzäunen lassen. Fritz Gessner, der einen Umweg machen mußte, wenn er Wasserproben vom Strand holen wollte, erhob Einspruch. Arnold Gustavs berichtet, wie er von Hauptmann „mit vor Erregung zitternder Stimme" angerufen worden sei, „daß dieser junge Mann, der im nördlichen Eismeere die Höhen von Spitzbergen erstiegen habe, diesen kleinen Umweg wohl würde leisten können". Es wurde ein Kompromiß gefunden, der Hauptmanns Ruhe sicherte und doch einen Weg, östlich des Birkenwäldchens, zur Biologischen Forschungsstation öffnete.

1930, im ersten Jahr, in dem Hauptmann „Haus Seedorn" nun besaß, besuchte Ernst Toller Hiddensee; es kam zu Begegnungen zwischen den beiden Dichtern. Nach Tollers Freitod 1939 reflektierte Hauptmann in den „Annalen" die Beziehungen zu dem Dichter, einer Leitfigur der Münchner Räterepublik 1918/19, und schrieb schroff: „Toller, ein Literat und Dramatiker, der unmittelbar nach dem ersten Weltkrieg in München eine sehr üble Rolle spielte, soll sich in den Vereinigten Staaten aufgehängt haben. Er bezog eines Tages ein Holzhäuschen auf Insel Hiddensee, das er von einem Patrizier in Stralsund gemietet hatte. Es grenzte beinahe an meine heutige Besitzung. Man war genötigt, sich zu sehen und hie und da Worte zu wechseln. Über Politik wurde nicht gesprochen und zu seinem Talent hatte ich keine ernsten Beziehungen."

Andere zeitgenössische Schriftsteller interessierten Hauptmann überhaupt nicht. So hielt sich beispielsweise im Dezember 1931 Hans Fallada bis Weihnachten im Neuendorfer Gasthaus Freese auf und schrieb an seinem Roman „Kleiner Mann – was nun?". Sicher, Hauptmann war zu der Zeit nicht auf Hiddensee, aber Fallada hat er wie viele andere nicht wahrgenommen. 1934 suchte Fallada nochmals auf der Insel Zuflucht, als er durch öffentliche Kampagnen verunsichert in Nervenkrisen geriet.

Beim Aufenthalt 1931 beschäftigten Hauptmann vor allem kulturkritische Ideen. Im Ergebnis seiner Lektüre und seiner Überlegungen erteilte er den Philosophen Nietzsche und Spengler eine schroffe Absage („Was hat Nietzsche für Verheerungen angerichtet") und setzte seinen Glauben an einen edlen Menschen, dem Raubtiergelüste fremd sind, dagegen. Während des Aufenthalts 1931 in „Haus Seedorn" wurde Hauptmann von

*Folgende Doppelseite: Im Winter 1930/31 ließ Hauptmann „Haus Seedorn" nach eigenen Vorstellungen umbauen und erweitern. Vor allem waren es ein großes Arbeitszimmer, die Terrasse und der Weinkeller, die die Erweiterung bestimmten. Der heitere Charakter des Gebäudes und des Gartens ist bis heute erhalten geblieben.*

Wissenschaftlern wie dem englischen Germanisten Hermann G. Fiedler (1862–1945) und dem Professor an der Columbia University, dem Literaturwissenschaftler Frederick W. J. Heuser (1878–1961), besucht. Heuser hatte seit langer Zeit einen Aufenthalt Hauptmanns in den USA vorbereitet und trug ihm nun den Plan vor, 1932 zu Goethes 100. Todestag die Gedenkrede zu halten. Gleichzeitig aber nahm er intensiv Anteil an dem auf Hiddensee entstehenden Stück „Vor Sonnenuntergang"; er war, vertraute Hauptmann während eines Hiddensee-Aufenthalts 1932, also nach der Reise, seinem „Diarium" an, „in diese lebhafteste und vielleicht folgerichtigste Epoche meines Lebens, die nun etwa zehn Monate gedauert hat, von Beginn einbezogen". Der siebzigjährige Hauptmann rückte im Jahr des 100. Todestages Goethes nicht nur äußerlich immer auffälliger in die Nähe des Olympiers. Das gesamte Jahr war durch Ehrungen und Auszeichnungen bestimmt.

Im Jahr 1932 war Hauptmann zweimal auf der Insel. Nach der umjubelten Amerika-Reise, von der er seinen Efeu mitbrachte, kam er am 30. März auf Hiddensee an, „wo Stille nun wieder über mir zusammenschlägt", am Ende der Eintragung in das „Diarium" wird der Satz wiederholt: „Ich sitze hier im Haus Seedorn wiederum am schwarzen Tisch, die Stille schlägt über Vergangenes zusammen." Es folgte auf Hiddensee eine Zeit der Besinnung, der Abrechnung mit dem bisherigen Leben des fast Siebzigjährigen, die besonders intensiv wurde, als Adele Hauptmann starb, die Frau des Bruders Georg (1853–1899), deren Schwester Marie er und deren andere Schwester Martha Carl Hauptmann geheiratet hatten. Er vertraute seinem Tagebuch an: „Ich war verliebt, schmerzlich verliebt in sie."
Gerhart Hauptmann hatte wohl in Adele jene mütterliche Frau gesehen, die er einige Jahre später in Marie fand. Am 7. Juli trafen die Hauptmanns ein

1931 war der Germanist Hermann G. Fiedler aus Oxford zu Besuch in „Haus Seedorn". Die Hauptmanns mit Sohn Benvenuto hatten einen alten Freund zu Gast; die Verbindung ging bis ins Jahr 1905 zurück. Fiedler war auch auf dem „Wiesenstein", bemühte sich um die Verbreitung des Hauptmannschen Werkes und wurde schließlich das Vorbild für den Professor Geiger in „Vor Sonnenuntergang".

zweites Mal auf Hiddensee ein und blieben bis zum 25. August, um von dort nach Frankfurt am Main zur Inauguration der Wilhelm-Meister-Schule und zu der Verleihung des Goethe-Preises zu reisen. In dem an Ehrungen reichen Jahr hatte auch Hiddensee sich etwas ausgedacht: In Vorbereitung des 70. Geburtstags wurde dem in der Gemeinde Kloster gelegenen Wald am 21. August der Name „Gerhart-Hauptmann-Wald" gegeben; eine entsprechende Urkunde überreichte der mit Hauptmann befreundete Regierungspräsident von Stralsund Dr. Hermann Haußmann im Beisein von Gemeindevertretern aus Kloster, Vitte und Neuendorf. Hauptmanns kulturkritische Überlegungen wurden fortgesetzt, im Angesicht der „Annullierung des Geistigen, also der Kultur", wie es sich in Deutschland vollzog. Seine Gedanken zur Entwicklung in Deutschland und zum herrschenden Zeitgeist, wie er sie 1932 artikulierte, gehören zu den kritischsten Stellungnahmen gegenüber dem heraufziehenden Dritten Reich, dem er „Schlachtfeld" und Untergang prophezeite: „Selten war ein Land so gottverlassen verlassen und seinem inneren Wüten preisgegeben, wie das deutsche in diesen Wochen ist." Der Aufenthalt brachte aber auch erfreuliche Erlebnisse, darunter die erste private Begegnung mit C. F. W. Behl, mit dem sich eine enge Freundschaft entwickelte: Behl wurde für Hauptmann, was Eckermann für Goethe war. Aus Behls Erinnerungen „Zwiesprache mit Gerhart Hauptmann" wissen wir ähnlich ausführlich und genau wie von Arnold Gustavs, wie sich Hauptmanns Leben auf Hiddensee gestaltete: „Reizend war die fast kindhafte Freude, mit der Hauptmann uns sein Haus, die vom abendlichen Meerwind überwehte Backsteinterrasse und den zugleich behaglich und großzügig wirkenden Bibliotheks- und Arbeitsraum zeigte", alles aber war „vor dem draußen sich vorbeitummelnden Badeleben durch hohe Hecken und Seedornbüsche abgeschirmt". Hauptmann erklärte „die

*Gerhart Hauptmann besuchte Hiddensee 1932 zwei-*
*mal. Nach seiner Amerika-Reise kam er nach Hidden-*
*see, um „Stille" zu suchen. Als die Hauptmanns im*
*Sommer ein zweites Mal auf die Insel kamen, erfuhren*
*sie mancherlei Ehrungen, unter anderem wurde der*
*Wald der Gemeinde Kloster in „Gerhart-Hauptmann-*
*Wald" umbenannt. Zwei Tage danach erlebte*
*Hauptmann zwei Kreislaufschwächen, die ihm einen*
*neuen Lebensabschnitt signalisierten.*

schöpferische Einsamkeit" als wichtigste Qualität seines Hiddensees.

Die Tage brachten das morgendliche Bad am Westufer, hundert Meter von der Seenotrettungsstelle, dem heutigen Heimatmuseum, entfernt, lange Spaziergänge mit den zottelhaarigen Dackeln Mowgli und Balu, „echte Geselligkeit im Freundeskreis" – der „gemütliche schlesische Hausvater" neben dem bewunderten Dichter. „Manchmal entfällt ihm der Faden der Erzählung; dann helfen Frau Margarete mit ihrem hellklaren Gedächtnis oder Fräulein Jungmann, die Sekretärin, geschickt und behutsam wieder auf die Spur zurück." Der Aufenthalt endete mit Komplikationen: Am 23. und 24. August, kurz vor der Abreise von Hiddensee nach Frankfurt am Main, erlebte Hauptmann beim Baden zwei Kreislaufschwächen, die ihm signalisierten, daß sein Leben „in eine neue Phase getreten" war. Das dichterische Ergebnis des Nachdenkens über Leben und Tod war das Gedicht „Vor mir eine große goldne Schale", datiert mit „25. August 1932. Haus Seedorn", ein Gedicht, das nur mit dem genannten biographischen Hintergrund verständlich ist: „Und der Himmel wurde wieder helle."

Die Aufenthalte in den dreißiger Jahren waren arbeitsreich, sie wurden zunehmend ruhiger und von zahlreichen Ehrungen und Huldigungen begleitet; vor allem wurde Hauptmann beliebtes Thema bildender Künstler. Allein während des zweiten Hiddenseebesuchs 1932 wurde der Dichter dreimal porträtiert.

1933 brachte der Aufenthalt auf Hiddensee einen Abschied, der Hauptmann besonders nahe ging. Seit 1922 war Elisabeth Jungmann (1897–1959), die Tochter eines jüdischen Beamten aus Oppeln, Gerhart Hauptmanns Sekretärin. Zahlreiche Bilder, besonders von Hiddensee, zeigen die beiden bei der Arbeit: Elisabeth Jungmann, auf dem Boden vor dem Strandkorb hockend, aus dem der Dichter diktiert; stehend im

Gerhart Hauptmann diktierte seine Texte, dabei den Eintragungen in die Notiz-bücher folgend. Elisabeth Jungmann, hier im Garten von „Haus Seedorn", war von 1922 bis 1933 Hauptmanns Sekretärin. Dann wurde sie die Lebensgefährtin Rudolf G. Bindings, den sie auf Hiddensee kennengelernt hatte. Sie befreite Hauptmann dadurch von Sorgen, da sie als „jüdischer Mischling 1. Grades" bei ihm nicht mehr sicher war.

Kreuzgang, daneben Hauptmann, an einer Kommode lehnend und dichtend; im Arbeitszimmer an der Schreibmaschine sitzend, Hauptmann neben ihr, aus einem Notizbuch ablesend. Gäste berichteten von der außerordentlichen Begabung Elisabeth Jungmanns für Vortrag und Vorlesung: Ein „denkwürdiger Abend" (Behl) war der des 14. Juli 1933, als Elisabeth Jungmann Hauptmanns neues Stück „Die Goldene Harfe" vorlas. Hauptmann sprach mit Behl an diesem Abend auch über die Beziehung zu Hiddensee, erinnerte an die Bedeutung für die „Versunkene Glocke" und für das neue Werk. Dabei stimmten innere und äußere Landschaft, die des Stücks und die des Lebens, die Hiddensees, nicht überein, sondern wurden als „Gegenbild" – die innere Landschaft im Widerspruch zur umgebenden Natur – lebendig.

Elisabeth Jungmann begleitete die Hauptmanns auf ihren Reisen und war „der Familie warm befreundet" („Annalen"). Nach 1933 drohten ihr und Hauptmann Schwierigkeiten, wenn er Elisabeth Jungmann, die als „jüdischer Mischling 1. Grades" galt, weiterbeschäftigt hätte. Sie, die er auch später „liebe Freundin und Helferin" nannte, enthob ihn der Schwierigkeiten. Sie hatte 1933 auf Hiddensee den Schriftsteller Rudolf G. Binding (1867–1938) kennengelernt, der sie in Liebesgedichten verherrlichte. Binding verkehrte 1933 oft in „Haus Seedorn" und unterhielt die Gastgeber und ihre zahlreichen Gäste, darunter Hauptmanns Sohn aus erster Ehe Ivo und der aus der zweiten Benvenuto, mit seiner Erzählbegabung. Dabei wurde er von dem Maler Josef Block, Hauptmanns ältestem Freund, unterstützt, „mit Witz und trockenem Humor" (Behl). Binding, der bereits 66 Jahre alt war, erfuhr im Dritten Reich als Dichter mancherlei Ehrungen und konnte so auch einigen Schutz bieten. Als seine Lebensgefährtin blieb Elisabeth Jungmann bis zu Bindings Tod 1938 in Deutschland und wurde verschont. „Viel Tragik lag in dem

Umstand, daß sich die Heirat nicht ermöglichen ließ"
(„Annalen"). Nachdem sie Binding kennengelernt
hatte, kündigte sie bei Hauptmann. Der Dichter schätzte Binding; in einem Brief an den Kollegen vom 17.
März 1933 legte er, im Gegensatz zu seiner Kritik im
Tagebuch, ein Treuebekenntnis zur neuen Regierung
ab: Einer Regierung, der man unterstehe, dürfe man
nicht zuwider arbeiten. „Übrigens habe ich das auch als
freier Schriftsteller niemals irgendeiner Regierung
gegenüber getan." Nach dem Tode Bindings ging Elisabeth Jungmann nach England, noch kurz vor seinem
Tod schrieb Gerhart Hauptmann ihr am 21. März
1946 einen herzlichen Gruß. 1933 brachte die Begegnung Elisabeth Jungmanns mit Binding also die Trennung von Hauptmann, aber auch die Lösung eines
Problems.
Hiddensee war auch der Ort einer besonderen Freundschaft. Als im Herbst 1934 der Inselpfarrer Arnold
Gustavs eine Reise nach Schweden machte, schrieb ihm
Hauptmann einen interessanten Brief aus seinem
„Turm-Observatorium" in Agnetendorf, von dem aus
er „im Geiste Weltreisen" mache. 1917 hatte Hauptmann bei seinem Aufenthalt auf der Lietzenburg
Arnold Gustavs (1875–1956) kennengelernt. Gustavs,
der sich 1896 als Student auf der Insel aufhielt, hatte
bereits damals den Dichter und seine junge Geliebte
Margarete Marschalk gesehen und erinnerte sich
daran: „Er groß, schmal, mit durchgeistigtem Gesicht;
sie an seiner Seite knabenhaft schlank, geschmeidig und
elastisch, mit dem ganzen Liebreiz der Jugend und
Schönheit." Dieser Beschreibung Margaretes gleicht
jene, die Hauptmann später von der Prinzessin Ditta im
Roman „Im Wirbel der Berufung" gab, der auf Rügen
spielt. Gustavs war für Hauptmann nicht nur Freund,
sondern auch unentbehrlicher Helfer. Hauptmann
weihte Gustavs in viele seiner Vorhaben ein, vor allem
Hiddensee betreffend. Besonders ehrenvoll war es, als

Gustavs 1928 den Sohn Benvenuto Hauptmann mit Elisabeth, Prinzessin zu Schaumburg-Lippe, trauen durfte. Als nach wenigen Tagen die Ehe zerstört war, erklärte Hauptmann in einem sehr herzlichen und offenen Brief (21.11.1928) an Gustavs die Hintergründe und daß das Ganze nur „ein Irrtum" gewesen sei. Vor allem habe die Prinzessin bereits vor der Eheschließung gewußt, daß ihr die physische Verbindung mit einem Manne „nur mit höchstem Widerwillen möglich und auf die Dauer unmöglich ist". Aber auch mit Alltäglichem wurde der Pfarrer beauftragt. Als 1941 eine Flaschensammlung veranstaltet wurde, bat ihn Hauptmann, die im Haus Seedorn stehenden leeren Flaschen „einpacken und abholen zu lassen". Es muß eine beträchtliche Arbeit gewesen sein, denn einige Zeit später bedankte sich Hauptmann für die „Mühe", bot die Begleichung der Kosten, die Gustavs gehabt habe und zudem noch eine „schöne Goetheausgabe" als Geschenk an.

Auch die letzte Ruhestätte Hauptmanns geht auf einen Vorschlag Gustavs' zurück. Hauptmann hatte den Wunsch, auf „diesem stillen Inselfriedhof meinen letzten Schlummer" (Gustavs) zu tun, – in einem Brief Margarete Hauptmanns vom 11. Juni 1946 finden sich diese Worte leicht variiert („auf diesem schlichten Friedhof von Hiddensee meinen ewigen Schlaf schlafen" sei sein Wunsch gewesen). Gustavs riet der Familie von dem Vorhaben ab, Hauptmann auf dem Grundstück des „Hauses Seedorn" zu beerdigen. Er bestand darauf, den Wunsch des Dichters zu erfüllen, und bot auf dem Inselfriedhof eine Stelle an, umstellt von einer Esche, Gebüsch und einem „wohl tausendjährigen Dornbaum".

Erst spät im Jahr kamen die Hauptmanns 1934 nach Hiddensee, zahlreiche Pläne zeigten Hauptmann bei großer geistiger Kraft. Vor allem mußte er die Angriffe, die auf ihn wegen seines Schweigens zur Diktatur Hit-

lers erfolgt waren, besonders von dem einflußreichen
Kritiker Alfred Kerr, bewältigen; auf Hiddensee gelang
es. Die Geselligkeit wurde gepflegt, vor allem mit den
Nachbarn Frau Saenger-Sethe und Otto Gebühr, der
mit der Laute aufspielte und sowohl Volkslieder als
auch Moritaten Frank Wedekinds vortrug. Aus „Lau-
tenklang und Sektschaum" (Behl) stieg der „große
Schatten Wedekinds", den Hauptmann grüßte. Auch
Hermann G. Fiedler aus Oxford war wieder zu Gast.
Am 28. August 1935 wurde der 50. Jahrestag der
ersten Begegnung Hauptmanns mit Hiddensee feierlich
begangen; es wird noch darüber zu reden sein. Im übrigen suchte Hauptmann immer größere Abgeschiedenheit und zog sich in die Welt seiner poetischen Gestalten zurück.
Im Februar 1936 hatte Hauptmann einen neuen Sekretär geworben, den Schriftsteller Erhart Kästner
(1904–1974). Kästner, auch Bibliothekar an der Sächsi-
schen Landesbibliothek Dresden, hatte sich verehrungs-
voll Hauptmann genähert und war im Herbst 1934
dem Dichter in Dresden begegnet. Er durfte ihm die
Bibliothek zeigen, wurde auf den „Wiesenstein" eingeladen und bekam schließlich das Angebot, Hauptmanns Sekretär zu werden: „Er hat nun die Einbildung,
daß ich für ihn das richtige sei, und ihm in seinen alten
Tagen Wesentliches an Frische und Hilfe bringen könnte." In seinem Einladungsschreiben verhieß Hauptmann ihm: „Eine gewisse Abwechslung würde Ihnen ja
auch unser Jahreskreislauf bieten, der die Stationen:
Agnetendorf, Berlin, Hiddensee, Rapallo und wieder
Agnetendorf enthält, wenn die Zeiten es irgend zulas-
sen."
Ruhig und arbeitsreich verlief 1936 der Aufenthalt auf
Hiddensee, wo ihn F. W. J. Heuser erneut besuchte, mit
dem er auch im folgenden Jahr Kontakt hatte und den
er auf den „Wiesenstein" einlud. Umstritten ist, ob
Hauptmann auch 1937 auf Hiddensee war. Eine Karte

Margaretes vom 25. August 1937, Arnold Gustavs
wurde in Agnetendorf erwartet, trug Grüße auf an die
„geliebte Insel, die wir diesmal entbehren müssen".
Andererseits haben die Chronisten Behl und Voigt in
der „Chronik von Hauptmanns Leben und Schaffen"
(1957) einen kurzen Aufenthalt angenommen. Dokumente Erhart Kästners, der Hauptmann begleitete,
sprechen ebenfalls dafür. Nicht nur Aufnahmen sind
erhalten, sondern auch ein Bekenntnisbrief Kästners an
Elisabeth Jungmann: „Schön auch der Alte in dieser
Umgebung, man sieht ihn neu. Und über die Terrasse
müßte ein Drama geschrieben werden. Sie ist wert, daß
man auf ihr lebt. Heute haben wir zum ersten Mal darauf diktiert, ich erkor mir den Schlußstein der Umfas-
sungsmauer als Hock- und Schreibplatz und war selig."
Für den Aufenthalt spricht auch eine Wandinschrift in
Hauptmanns Schlafzimmer „Es lohnt nicht mehr!
1937", die Gustav Erdmann mit Mühe als „1934" las,
nachdem er Margaretes Karte kannte. Dagegen sah
Alexander Abusch, bis 1961 Minister für Kultur der
DDR, in seiner Rede zum 100. Geburtstag des Dichters
in „Es lohnt nicht mehr! 1937" einen Ausdruck von
Ablehnung und Ohnmacht gegenüber der Nazi-Dikta-
tur. Der Aufenthalt 1938 brachte den Beginn der Arbeit
an der Novelle „Mignon", wieder ein „Insel"-Text, in
dem die Borromäischen Inseln des Lago Maggiore in
Norditalien, die der Dichter 1937 besucht hatte,
*Hauptmanns Hiddensee* vertraten.

Hiddensee ist eine Insel voller Wider-
sprüche. Während sie im Süden von
Wiesen, Heide und „Grastafeln" geprägt
wird, flach und voller Harmonie ist –
eine Landschaft, die Hauptmann liebte –,
tobt im Norden der Kampf zwischen
Meer und Steilküste. Am 17. Juni 1941
schrieb Hauptmann an der „Nord-
küste": „Durch des Äthers blaues
Schweigen / geht Bewegung grüner
Bäume, / und ein Rauschen in den Zweigen / mischt sich in der Brandung
Schäume."
Das Bild rechts zeigt den Dichter vermutlich 1937 auf Hiddensee.

# Inselleben
## Arbeit und Geselligkeit

Die Tage waren streng gegliedert und folgten einem
Programm, das mit dem Bad in der See morgens
begann und mit Geselligkeiten endete. So zeigten seine
bereits zitierten Ratschläge an die erste Frau Marie, wie
der Dichter selbst badete oder spazierenging. Vor dem
Frühstück, gegen sieben Uhr, war Hauptmann am
Strand, nur mit dem Bademantel bekleidet. Der Weg bis
zum Strandkorb von „Haus Seedorn" betrug zehn
Minuten. Während des gemeinsamen Aufenthalts von
Hauptmann und Thomas Mann 1924 trafen sich beide
morgens am Strand, und Hauptmann antwortete auf
die Frage, wie das Wasser sei, daß es etwas zu warm
sei. Thomas Mann, der daraufhin baden gehen wollte,
wurde von Hauptmann zurückgerufen: „... das war ein
Scherz von mir! Das Wasser ist furchtbar kalt." Thomas
Mann erinnerte sich daran im „Herzlichen Glückwunsch" zu Hauptmanns 70. Geburtstag und fügte an:
„Ich werde diese rührende Reue über einen so unschuldigen Schabernack niemals vergessen. Sie offenbarte
mir zugleich etwas von der Eulenspiegelei und Schalkheit, die, was wenige wissen, auf dem Grunde von
Hauptmanns Seele liegen, und von der schonend sich
einfühlenden Güte, die ihr widerspricht und sie nicht
eilig genug korrigieren kann."
Die Festlichkeiten im Hause sahen auch eine muntere
Margarete, die gerade auf Hiddensee besonders aus
sich herausging, zur Überraschung der Freunde und
Bekannten. So berichtete Helene Gustavs, Arnold
Gustavs Frau, ihrem Enkel Arne Gustavs, daß Margarete, von einem befreundeten russischen Tänzer angeregt, vor zahlreichen Menschen am Bollwerk in Kloster
einen Kasatschok getanzt und Hauptmann mißbilligend
geblickt habe. Arnold Gustavs, dessen Urteil über Margarete teils sehr harsch ausfiel – „nie eine gute Hausfrau", „nicht seine Muse" – berichtete über einen geselligen Abend auf der Lietzenburg, bei dem Margarete
sich auf die Tischkante gesetzt und eine Art Gassen-

hauer gesungen habe; Hauptmann sei das sichtlich
unangenehm gewesen. Und der mit Hauptmann
befreundete Leiter der Biologischen Forschungsanstalt
Prof. Dr. Fritz Gessner erinnerte sich noch Jahre später,
daß er den größten Teil seiner nicht salonfähigen Witze
Margarete Hauptmann zu verdanken habe. Mehrfach
war die Schauspielerin Maria Paudler zu Gast, dann
wünschten sich die Hauptmanns ihr Spezialrezept
Omelett Souflé (sic!). Auch an romantische Spaziergänge am Meer und schöne gemeinsame Abende in
„Haus Seedorn" erinnerte sich Maria Paudler, die 1946
auf Einladung der Landesregierung Sachsen an den
Trauerfeierlichkeiten in Stralsund und Hiddensee teilnahm.
Neben den Geselligkeiten gab es besondere Ereignisse.
1923 gründeten einige Künstler die „Republick Hiddensee", wie sie sich auf den von ihr ausgestellten
Urkunden bezeichnete. Ob auch der Titel „Souveräne
Kunstfischer-Republik" verwendet wurde, wie Arnold
Gustavs berichtet, ist nicht zu belegen. Es war zuerst
ein Scherz, der die rheinischen Separatistenbestrebun-
gen parodierte. Im Rheinland hatte sich im Herbst
1923 eine von Frankreich unterstützte „vorläufige
Regierung" gebildet, die eine Abtrennung vom Deutschen Reich anstrebte, schon nach kurzer Zeit aber am
Widerstand der Bevölkerung gescheitert war. Präsident
der Hiddenseer Republik war der Dirigent und Kompo-
nist Max von Schillings (1868–1933), der zu Hauptmanns engerem Freundeskreis gehörte und auf Hiddensee sein Nachbar war, „für das Auswärtige" war Hans
von Hülsen (1890–1968) zuständig, einer der Biographen Hauptmanns, und „für die schönen Künste" der
Maler Hanns G. Haas, verheiratet mit der Tänzerin
Magda Bauer, die mit jungen Frauen rhythmische
Übungen am Strande abhielt; der Roman „Die Insel der
Großen Mutter" beschreibt diese Szenerie. Solche Spiele mit ernstem Hintergrund waren besonders unter

jenen Künstlern verbreitet, die vor der Jahrhundertwende mit dem Anspruch gesellschaftlicher Neuordnungen angetreten waren, in der naturalistischen Bewegung zumeist, und mit ihren Plänen scheiterten. Die „Republick Hiddensee" und ihr „Präsident" Schillings nahmen Gerhart Hauptmann in Schutzhaft wegen des anstößigen Titels „Schillings Flucht", erlaubten ihm aber seine Zimmer im „Haus am Meer" und Bewegungsfreiheit auf der Insel. Während Hauptmanns „Haft" gab es heitere Erlebnisse. So erschien der Stralsunder Regierungspräsident Dr. Haußmann auf der Insel, um Hauptmann zu besuchen, und mußte zur Kenntnis nehmen, Hauptmann „sei von der revolutionären Regierung gefangengesetzt" (Hans von Hülsen) worden. Es dauerte seine Zeit, bis Haußmann den Scherz begriff. Nach einem Jahr wurde Hauptmann wieder in „die volle Freiheit" entlassen und durch das nachfolgend zitierte, weitgehend unbekannte Dokument zum Ehrenbürger ernannt:

REPUBLICK HIDDENSEE
Da Gerhart Hauptmann nun ein Jahr
als Ehrengeisel tätig war
So giebt die Künstlerrepublick
die volle Freiheit ihm zurück.
Doch braucht die Geisel sie nicht mehr
Den Dichter giebt sie nimmer her,
Dess Wort u. Werk in weitem Rund
Den Ruhm des Eilands machte kund.
Als EHRENBÜRGER weil nun hier
Des Inselreiches stolze Zier!
Und wandle, bade, dicht' – doch bitt':
Allsommerlich wend' her den Schritt!
Hiddensee im 7. abnehmenden (Mond).

Die Urkunde wurde unterschrieben von Max von Schillings, Hans von Hülsen und Hanns G. Haas.

Ein anderes Ereignis war die sogenannte „Goldene Hochzeit" Gerhart Hauptmanns mit der Insel Hiddensee. Arnold Lüders in Hamburg hatte Arnold Gustavs frühzeitig daran erinnert, daß im Sommer 1935 der erste Besuch auf der Insel sich zum 50. Male jährte. Am 28. August 1935 fand aus diesem Grunde ein feierliches Essen im Arbeitszimmer des Dichters statt, zu dem zahlreiche Gäste geladen waren. Arnold Gustavs hielt die Rede zu dieser besonderen „Goldenen Hochzeit" und überreichte Hauptmann ein auf der Insel gefundenes Sichelmesser aus Feuerstein, damit der Dichter weiterhin reiche Ernte auf Hiddensee einbringen könne, „es wird außerdem während Ihres Hierseins auf Hiddensee in Ihrem Geiste gewachsen sein, was vorläufig noch in Manuskripten und Schubladen verborgen liegt und später einmal ans Tageslicht der Öffentlichkeit kommen wird." Hauptmann antwortete mit einer Dankrede, in der er beschrieb, wie sich die Insel in den 50 Jahren geändert habe, wer nun die Gäste seien – „abgesehen von den schönen und schönsten Frauen, Dichterinnen, Dichter, Maler, Bildhauer, Musiker, Schauspieler und sonstige Künstler ohne Zahl" – und prägte den oft zitierten Satz „Hiddensee wurde das geistigste aller deutschen Seebäder." An der Rede Hauptmanns fällt auf, daß er nur die von ihm erlebten 50 Jahre benannte, auch nur für diese Zeit eine „Geschichte Hiddensees" anmahnte und im übrigen alles Geschichtliche der Insel ausließ. Von Hiddensee findet der Leser des Hauptmannschen Werkes das Interieur mancher Gebäude, die Landschaft und die Natur. Und die Menschen der Insel? Es ist ihnen eine „liebenswürdige Titelvignette" (Gustavs) in „Schluck und Jau" gewidmet, in „Gabriel Schillings Flucht" tauchen sie nur am Rande auf, obwohl das Stück auf Hiddensee spielt.

Das Verhältnis zu den Menschen der Insel war nicht spannungsfrei. Der letzte Fährmann der Fährinsel,

*1935 jährte sich Gerhart Hauptmanns erster Besuch
auf Hiddensee zum fünfzigsten Mal. Deshalb wurde
eine „Goldene Hochzeit" gefeiert, auf der der Freund
und Vertraute Pastor Arnold Gustavs die Ansprache
hielt. Hauptmann antwortete mit einer Dankesrede, in
der er nur einen Namen nannte, den Alexander Ettenburgs. Neben Hauptmann und Gustavs sind auf dem
Bild Helene Gustavs (links), Benvenuto und Margarete
Hauptmann zu sehen.*

Heinrich Gau, genannt „Fährheinrich", hatte gelegent-
liche Kontakte mit dem Dichter, auch unangenehme.
An einem Augusttag 1926 ließ Hauptmann, erstmals in
„Haus Seedorn", ausrichten, daß er um 22.30 Uhr von
Schaprode nach Hiddensee übergesetzt zu werden wünsche. Fährheinrich wollte zwei Schüler, die auf die
Fährinsel wollten, wo sie Gast waren, mitnehmen. Als
Hauptmann die Schüler auf dem Boot entdeckte, war
er empört, und Fährheinrich mußte, wie er in seinen
Erinnerungen schreibt, „nachgeben und sagen, die
Schüler bleiben in Schaprode". Auch Arnold Gustavs
antwortete auf die ihm oft gestellte Frage „War Hauptmann eigentlich volksverbunden mit den Bewohnern
von Hiddensee?" mit einem klaren „Nein". Hauptmanns Streit mit der Biologischen Forschungsstation
wurde schon erwähnt, andererseits ließ er sich von den
Mitarbeitern berichten und war mit den Gründern der
Station Prof. Dr. Fritz Gessner und Prof. Dr. Erich
Leick (1882–1956) gut bekannt.
Die Distanz, die Hauptmann zu den Inselbewohnern
einnahm und einhielt, wurde ihm von vielen verübelt;
aber sie war auch die Voraussetzung für ein möglichst
ungestörtes Schaffen. Dem Wunsch der Besucher, den
berühmten Dichter zu sehen, begegnete er mit dem Set-
zen von Bäumen und Sträuchern, um auf seinem
Grundstück ungesehen zu bleiben. Andererseits ließ er
sich gern von Jugendgruppen, die ihn in den zwanziger
Jahren häufig besuchten, feiern und ehren. Wenn er
rechtzeitig von solchen Ehrungen erfuhr, arbeitete er
eine Rede aus – frei zu reden allerdings lag Hauptmann
überhaupt nicht – und las sie vor. Gustav Erdmann hat
eine Rede vom 16. August 1924 vor den Schülern der
Oberrealschule Stralsund zugänglich gemacht, die
Hauptmanns Grenzen als Redner deutlich werden läßt:
„Liebe Jungens! … wäre ich kein Dichter, so verkör-
pere ich doch in Euch eine Idee davon, und das ist
immerhin viel. Ich meine, daß Euch der Anblick dieser

*Bereits 1923 hatten sich die Familien Thomas Manns und Gerhart Hauptmanns in Bozen getroffen. Hauptmann lud den Kollegen nach Hiddensee ein, wo man im Sommer 1924 eine gemeinsame Zeit verbrachte. Es wurden spannungsvolle, abwechslungsreiche und ungewöhnliche Tage, die einen trinkfesten Mynheer Peeperkorn zeigten. Für zwei »Könige« war aber die Insel zu klein, und so fuhren die Manns vorzeitig von Hiddensee ab.*

verkörperten Idee zum Wesen der verkörperten Idee führen wird."

Berühmt geworden ist ein Ereignis, von dem Arnold Gustavs berichtet: „Es war im Jahre 1924. Hauptmann wohnte damals im Haus am Meer, eine Treppe hoch. Zwei Treppen hoch, genau über ihm hatte Thomas Mann Wohnung genommen. Jeder hatte einen Balkon, Hauptmann einen größeren, Thomas Mann einen kleineren, beide ebenfalls genau übereinander. Nun kam wieder eine Wandervogelgruppe und sang dem großen Gerhart Lieder. Nach einiger Zeit trat Hauptmann auf seinen Balkon und verlas seine Ansprache. Dann aber betrat Thomas Mann seinen Balkon und zeigte, was er konnte, und schmetterte in freier Rede scharfgeschliffene Worte auf die Köpfe der Jungen und Mädel nieder."

Nur einen Bewohner Hiddensees hat Gerhart Hauptmann in seiner Dankrede zur „Goldenen Hochzeit" mit der Insel namentlich erwähnt: „… der arme einstige Einsiedler von Hiddensee, Alexander Eddenburg, wenn er lebte und es ihm wirklich um Einsiedlertum zu tun wäre, würde sich einen anderen Ort aussuchen müssen." Alexander Ettenburg, eigentlich Alexander Eggers (1858–1919), machte Hiddensee weithin durch Vorträge, Gedichte und andere Texte, aber auch durch sein eigenes Leben auf der Insel bekannt. Er stammte wie Hauptmann aus Schlesien, war Schauspieler, später Schriftsteller und Rezitator, und siedelte, nachdem er mit einem Gasthof in Altefähr auf Rügen sein Vermögen verloren hatte, 1895 nach Hiddensee über, um als „Einsiedler" zu leben. Als äußeres Zeichen trug er einen weißen Talar, einen schwarzen Kragen und eine schwarze Kappe, manchmal auch eine Art Mönchsgewand. Sollte hier ein Vorbild für Gerhart Hauptmanns Franziskanerkutte zu finden sein, mit der er sich gern am Strande zeigte, fotografieren ließ und auch die Inselfrauen erschreckt haben soll? Sollten die „Waldbücher" und die zahlreichen Hinweise auf Einsiedler in

den Tagebüchern Ettenburg gegolten haben? Ettenburg
richtete Gaststätten ein, schuf Gelegenheiten zum Luft-,
Sonnen- und Seebaden, unterhielt ein Naturtheater und
zog mit Esel und Kater über die Insel. Er wurde ver-
lacht, verketzert und auch vertrieben: Seine Bergwald-
Schänke „Eremitage auf Tannhausen", in der man auch
Ettenburgs „Verbrennungssarg" – für den eigenen Tod
gedacht – mit einem Totenkopf und der Schrift „Das
bist Du!" besichtigen konnte, mußte 1910 dem
„Klausner", einer Gaststätte, weichen, seine „Einsiedelei Mathilde" in Vitte verschwand bald nach
seinem Tod.
Ettenburg hat Hauptmann ein Denkmal gesetzt. Unter
seinen zahlreichen Gedichten auf Hiddensee findet sich
auch eines, in dem die Insel und der große Landsmann
miteinander verbunden wurden: „Und bist ein Künstler,
Dichter du: / Kehr ein auf Hiddensee! / Wie Gerhart
Hauptmann find'st hier Ruh', / Im Wald auf Berges-
höh'!" Sollte Hauptmann ihn gerade deshalb als einzigen in seiner Dankesrede erwähnt haben? In Clara von
Sydows Roman „Einsamkeiten" wurde vor Ettenburg
gewarnt, vor dem „Spektakelwald" mit seinem „Ober-
priester mit dem Klingklangpathos". Und bei Hauptmann? Hat er, der alles Erlebte konsequent in Literatur
umsetzte, auf diesen Zeitgenossen von Hiddensee ver-
zichtet? Vielleicht ist er wie Peter Hille eine der vielen
Vorlagen für den Harfner aus der Novelle „Mignon",
auch Cardenio im „Meerwunder" scheint ihm ähnlich.
Kaum einmal läßt sich eine der literarischen Figuren
Hauptmanns auf eine einzelne Person zurückführen;
zumeist sind es Bündelungen verschiedener Erlebnisse
und Eindrücke. Hier ist noch vieles zu entdecken.
Den Tagesablauf Hauptmanns auf Hiddensee schilderte
Arnold Gustavs präzise, auch die abendlichen Gesellschaften, bei denen im kleinen intimen Raum „bei
einem guten Glase Wein geplaudert" wurde. Daß es
dabei zu dionysischen Übersteigerungen kam, berich-

Alexander Ettenburg (1858–1919)
machte Hiddensee weithin bekannt,
obwohl man auf Hiddensee nicht sehr
freundlich mit ihm umging. Nachdem
der Einsiedler, Schriftsteller und
Regisseur 1910 seine „Eremitage auf
Tannhausen" aufgeben mußte, gründete
er bei Vitte die „Einsiedelei Mathilde",
wo er nicht nur ein gesundes Leben,
sondern auch seine Liebe zu Hiddensee
propagierte. Bald nach seinem Tod
verschwand auch diese Einsiedelei.
Ettenburg trug einen weißen Talar, der
an ein Mönchsgewand erinnerte. Eine
besondere Sensation war sein „Verbrennungssarg", der dem Betrachter eine
Vorstellung vom Tod verschaffen sollte.

an seinem „Verbrennungssarge" auf „Tannhausen"
Hiddensee b. Rügen.

tete nicht nur Gustavs. Auch der Hauptmann verehrende Erhart Kästner erinnerte sich an die Gesellschaften und „daß es bis nach Mitternacht ging und es wurde immer mächtig getrunken". Wie solche Abende mit Hauptmann verliefen, nämlich als „Bacchanal", ist auch aus einer völlig anderen, aber weltberühmten Quelle bekannt. Es wurde bereits erwähnt: Im Juli 1924 wohnte Thomas Mann mit seiner Familie, neun Personen insgesamt, im „Haus am Meer" in Kloster. Dort logierten auch Gerhart Hauptmann und seine Frau. Auf dem Misthaufen vor dem Haus krähten gegen vier Uhr die Hähne, aber es war ein schöner Urlaub, in dem sich die Dichter direkt aus dem Bett die Düne hinunter ins Meer stürzten. Jede Familie hatte eine Wohnung mit Balkon genommen, die genau übereinander lagen. Im Jahre zuvor hatte man bereits zwei gemeinsame Wochen in Bozen verlebt, und Gerhart Hauptmann hatte sehr geraten, doch nach Hiddensee zu kommen. Thomas Mann erinnerte sich in der Gedenkrede zum 90. Geburtstag Gerhart Hauptmanns: „… die Frauen verstanden einander; und er zog mich an sich, wollte mich zum Genossen seiner geliebten Trinksitzungen in Bozener Weinhäusern und lachte mich herzlich aus, wenn mir nach all dem kalten Wein, den ich nur seinetwegen trank, der heiße Kaffee gar so wohl tat."

Nun war aber die Begegnung weniger unbeschwert als erwartet, denn die Manns mußten erleben, welchen Ruf Gerhart Hauptmann auf der Insel hatte: Er war der König von Hiddensee. Er war zudem, wie Katia Mann mißbilligte, „dermaßen eindeutiger König, daß für uns dort wenig Aufmerksamkeit abfiel". Anspruch stieß hier auf Anspruch, und das konnte nicht gutgehen. Zwar, so die Anekdoten, wäre zwischen den Männern Verständigung möglich gewesen, nicht aber zwischen den Frauen. Die Manns reisten ab und verbrachten den Rest des Urlaubs in Bansin und Ahlbeck.

*Thomas Mann, hier 1929 in Rauschen/Ostpreußen,
schrieb 1924 an den letzten Seiten des „Zauberbergs".
Er genoß, wie auch seine Tochter Erika, den Aufenthalt
im „Haus am Meer", wo man sich direkt aus dem Bett
die Düne hinunter ins Meer stürzen konnte. An die
Scherze, die Hauptmann dabei mit ihm anstellte, erinnerte sich Thomas Mann später noch gern.*

In dieser Zeit schrieb Thomas Mann am „Zauberberg"; am 23. Juli 1924 teilte er aus Kloster dem fran-
zösischen Germanisten Felix Bertaux mit, daß er den
großen Roman in den nächsten Wochen zu beenden
denke. Am 28.8.1924 rechnete er in einem Brief an
Ernst Bertram mit dem Abschluß im Oktober. Im
Schlußteil des Romans spielt Mynheer Peeperkorn als
einer der drei Erzieher der Hauptfigur Hans Castorp
eine wichtige Rolle; Peeperkorn aber ist ein Abbild
Gerhart Hauptmanns. Die Eigenheiten des Dichters
waren Thomas Mann schon 1923 in Bozen aufgefallen.
Ohne daß Thomas Mann das Treffen auf Hiddensee
geschildert hat, läßt sich vorstellen, daß die Zusam-
menkünfte Hauptmanns mit seinen Gästen an allen
Adressen ähnlich verliefen, ob sie nun im „Haus am
Meer" oder später im „Haus Seedorn" stattfanden.
Mynheer Peeperkorns besondere Eigenschaften sind
zwei: Seine oft und gern angebrachten Reden sind
inhaltlich und grammatisch Stückwerk und belanglos;
seine Leidenschaft ist der Alkohol.
Die Diagnose des Erzählers für Peeperkorn lautet
„gehörige alkoholische Verschleimung"; die Beschreibung durch Hans Castorp und den Erzähler konzentriert die Einzelheiten in den Gegensatz „Robust und
spärlich", sich sowohl auf das Äußere als auch die
Äußerungen beziehend: Nach einer der wortreichen,
aber sinnlosen Reden Peeperkorns beschreibt der
Erzähler die Situation: „Er hatte nichts gesagt; aber
sein Haupt erschien so unzweifelhaft bedeutend, sein
Mienen- und Gestenspiel war dermaßen entschieden,
eindringlich, ausdrucksvoll gewesen, daß alle und auch
der lauschende Hans Castorp höchst Wichtiges ver-
nommen zu haben meinten oder, sofern ihnen das Aus-
bleiben sachlicher und zu Ende geführter Mitteilung
bewußt geworden war, dergleichen doch nicht vermiß-
ten." Und danach richtete Peeperkorn sich auf, „dehnte
die breite Brust, knöpfte den karierten Gehrock über

die geschlossene Weste zu, und sein weißes Haupt war
königlich."
Die nächste Rede hat das Ziel, „Gottesbrot, klares
Brot", also Schnaps herbeizuordnen: „‚Sohin‘, erklärte er, ‚labt Pieter Peeperkorn sich mit einem Schnaps.‘"
Thomas Mann beschreibt, von ihm im schon zitierten
Brief an Bertaux auch zugegeben, parodistisch: die
Goethe-Ähnlichkeit, die inhaltslose königliche Gebär-
de, die Unfähigkeit zu theoretischer Abstraktion, die
Freude an geistigen Getränken. Thomas Manns Erzähler bringt es in die kurze Charakteristik: „Ein eigen-
tümlicher, persönlich gewichtiger, wenn auch undeutli-
cher Mann." Und Hans Castorp beschreibt ihn als
„verwischte Persönlichkeit". Die Gesellschaftsabende
im „Berghof" – auch das „Haus am Meer" liegt hoch
über der See – werden von Peeperkorn dominiert, ohne
daß „die unverständliche Abgerissenheit, Undeutlich-
keit und tatsächliche Unbrauchbarkeit" des von
Peeperkorn Gesagten aufgefallen wäre. Vielmehr voll-
zieht sich die ausufernde Belebung der Gesellschaft
durch viel Wein. Peeperkorn selbst trank zu jeder
Hauptmahlzeit mindestens eine, aber auch anderthalb
oder zwei Flaschen, „zu schweigen von dem ‚Brote‘,
mit dem er schon beim ersten Frühstück begann". Und
bei Gesellschaften wurde der Wein in Dreizahl bestellt,
ein weißer Chablis vom Jahre 1906, „drei Flaschen fürs
erste", „drei neue Flaschen" und so weiter; später werden „drei Flaschen Mumm & Co., Cordon rouge, très
sec" bestellt, wohl eine ironische Spitze Thomas Manns
zur Unterhaltung des Lesers, denn Alfons Mumm, seit
1889 Freiherr von Schwarzenstein, war nicht nur Bot-
schafter in China, sondern auch Gesprächspartner und
Bekannter Hauptmanns bei Riviera-Aufenthalten und
schließlich Namensgeber der berühmten Sektmarke
„Mumm". Gerhart Hauptmann stellte diese Bekanntschaft mit Mumm gern aus. Nach Wein, Korn und
Champagner schließlich „läuterte" sich Peeperkorn zu

einem „Schweizer Roten von naiv-spritziger Art
durch", „von dem er mit wirklichem Durst einen Glas-
becher nach dem anderen hinunterschüttete". Selbst am
Ende der Orgie doziert Peeperkorn noch und spricht
Fragmentarisches aus, das sich in Hauptmanns Diarien
findet: „Heilig in jederlei Sinn, im christlichen wie im
heidnischen!"

Es fanden während des Aufenthalts der Hauptmanns
und der Manns gemeinsame Feiern statt. Am 20. Juli
1924 beging man den Geburtstag Katia Manns. Thomas Mann berichtete in mehreren Briefen darüber: „Es
ist uns gut bekommen." Genauer und ausführlicher
beschrieb die achtzehnjährige Erika Mann in einem
Brief an ihre Freundin Pamela Wedekind diese Feier
und ihre Ferien: „In der Nacht war das komischste Fest
gewesen, daß ich in meinem langen, langen Leben mitmachte; – bei Hauptmanns. Erst waren viele Wander-
vögel zum Dichter gepilgert, hatten gesungen und
gesprungen und er hatte dümmlich geredet und Magda
Bauer tanzte und schon all das war Scherz genug. Aber
dann ging man in die werte Privatwohnung und dort
gab es so toll und voll Bowle, daß alle aber auch alle
(mit Ausnahme des Zauberers, versteht sich) recht sehr
betrunken waren." In der folgenden Aufzählung finden
sich auch die „Repräsentanten" der „Republik Hiddensee" Schillings, Hülsen und Max Kruse. Von der
Hauptmannschen Bowle hatten schon einmal die Mit-
glieder des Vereins „Durch!" in Berlin geschwärmt, als
sie Hauptmann 1887 in Erkner besuchten. Erika
Manns Urteil über Gerhart Hauptmann fiel dennoch
sehr freundlich aus: „Er ist ein Lichtalbe im andern
Sinn des Wortes und hat dabei etwas so uneitel Melan-
cholisches; – ich mag ihn schon sehr gern." Vernichtend dagegen waren die Urteile der jungen Frau über
Margarete, das zurückhaltendste war noch, daß sie „so
unliebenswürdig" sei (Thomas Mann Jahrbuch
Bd. 6/1993).

*Das „Haus am Meer" der Clara von Sydow, die selbst Schriftstellerin war, wurde zur Stätte denkwürdiger Begegnung zwischen den Familien Thomas Manns und Gerhart Hauptmanns. Nach den bacchantischen Feiern, die 1924 in diesem Haus stattgefunden haben, wünschte sich Hauptmann doch einen ruhigeren Ort. Er fand ihn mit „Haus Seedorn".*

Am 11. August 1924 schrieb Hauptmann einen sehr freundschaftlichen Brief an Thomas Mann und lud ihn nach den „Lichtinseln, Bozen und Hiddensee" nach Agnetendorf ein. Und Thomas Mann grüßte von der Riviera zurück. Gestört wurde die Beziehung, als Hauptmann sein Bild im „Zauberberg" gefunden und gelesen hatte. Er schrieb wütende Randbemerkungen in sein Exemplar des Romans: „Und diesem idiotischen Schwein soll ich gleichen?", „Was soll das alles?", „Wer ist nun hier der Schwätzer: Peeperkorn oder Mann?" Dann empörte er sich in einem Brief vom November 1924 an seinen Verleger Samuel Fischer: „Kurz, einem Holländer, einem Säufer, einem Giftmischer, einem Selbstmörder, einer intellektuellen Ruine, von einem Luderleben zerstört, behaftet mit Goldsäcken und Quartanfieber, zieht Thomas Mann meine Kleider an." Aber schon im Januar 1925 trug er in sein „Diarium" ein: „Thomas Mann – bedeutendes Werk: endlich etwas Diskutables in Deutschland. (‚Zauberberg'.)" Doch im gleichen Zusammenhang richtete er all seinen Zorn auf Katia Mann, die aus einer jüdischen Familie stammte: „Thomas Mann als Produkt seiner Frau zu betrachten wäre nicht unwichtig: tiefste Gegensätze – Vereinigung unmöglich, trotzdem vereinigt – wodurch? Hanseaten- = Judenbrükke = Geld." Hülsen berichtet davon, daß Hauptmann Thomas Mann „mehr Haltung und Geschlossenheit" als Heinrich Mann bescheinigt habe. Als Margarete daraufhin Thomas Mann abwertend als „Philister" bezeichnete, war er anderer Meinung, weil solche Haltung gerade das richtige Ordnungsprinzip für den Künstler sei: „Der Mensch braucht, wenn er produktiv sein will, eine gewisse feste innere und äußere Form." Dann schrieb Thomas Mann am 11.4.1925 einen Entschuldigungsbrief wegen des „schlechten Streiches" und der „Künstlersünde" an Hauptmann, den erst der berühmte Literaturwissenschaftler Hans Mayer, der mit

Thomas Mann befreundet und mit Gerhart Hauptmann vertraut war, in seiner schönen Darstellung der
Beziehung Gerhart Hauptmanns zu Thomas Mann
lange nach dem Tod Hauptmanns veröffentlichen durfte: In Bozen, so Thomas Mann, habe er „beim Wein"
jene Romanfigur gefunden, die er lange gesucht habe,
Gerhart Hauptmann. Es läßt sich hinzufügen, auf Hiddensee wurde das Bild bestätigt. Die Dichter versöhn-
ten sich, indessen wurde das Verhältnis nie wieder so,
wie es am Strande von Hiddensee war. Noch in der
„Entstehung des Doktor Faustus" gab Thomas Mann
„das Gran Ironie" zu, daß seiner Bewunderung für
Hauptmann „beigemischt war".

Vom Weine ließ Hauptmann dennoch nicht: Gustavs
mußte Fässer einlagern, in „Haus Seedorn" wurden die
Tonröhren mit auserwählten Flaschen gefüllt. Noch am
25. Juni 1944 bestellte Hauptmann Assmannshäuser
Rotwein, die Lage „Rüdesheimer Berg Schloßberg",
„wie gerne würde ich 50–100 Flaschen davon in meinen Keller bekommen" und wenige Monate vorher, am
28. Februar 1944, 60 Flaschen „Winklerberg": „Die
Bordeaux von heute haben nicht immer die schöne
schlichte Wahrheit Ihres Weinberges". Weine und dazu-
gehörige Weinkarte sind heute in „Haus Seedorn" wieder zu kaufen. Die Hotels auf Hiddensee bieten die
Weine an.

„Haus Seedorn" wurde auch ein Ort der Auseinander-
setzung Hauptmanns mit dem Nationalsozialismus.
Unmittelbare Bemerkungen und Zeugnisse dazu, geäußert auf Hiddensee, sind spärlich. Um so eindrucksvol-
ler sind jene Inschriften, die Hauptmann an Wände und
Türen schrieb, von Betrachtern wie dem „Stern"-
Reporter Peter Sandmeyer („wo er nächtens mit schwe-
rem Kopf die Wand neben seinem Messingbett bekrit-
zelte") als Folge weinseliger Verwirrung gesehen.
Nichts liegt ferner als das, wie es überhaupt kein Zeugnis gibt, daß bei all den Geselligkeiten Hauptmann ein-

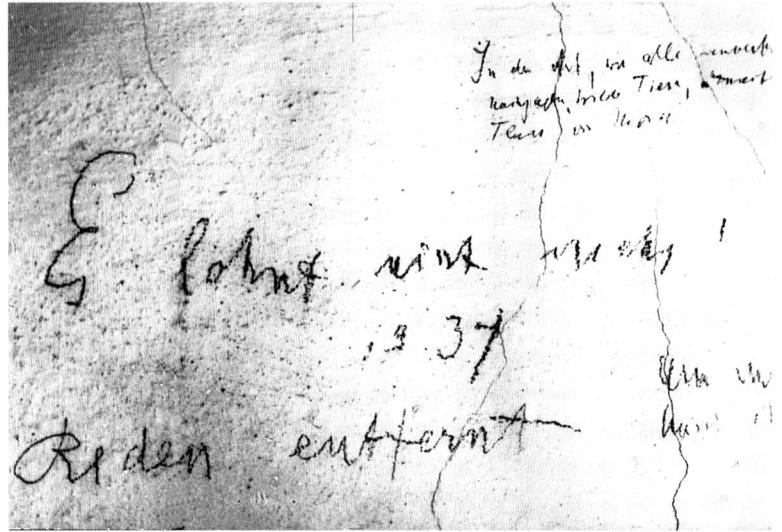

*Schon auf dem „Wiesenstein" hatte Hauptmann die Wände seines kleinen Schlaf-*
*zimmers über und über mit Worten und Sätzen beschrieben, die Ausdruck seiner*
*nächtlichen Einfälle waren. Auch im Schlafzimmer von „Haus Seedorn" finden sich*
*solche Eintragungen. Eine der berühmtesten lautet „Es lohnt nicht mehr! 1937"*
*und „Reden entfernt".*

mal beeinträchtigt gewesen ist. Vielmehr galt auch nach den Trinkgelagen ein präziser Tagesablauf.

Die Inschriften sind Zeugnisse tiefer Verzweiflung über die Situation in Deutschland. Ein Dichter, der „Schweigen ist die größte Kunst" an die Wand über seinem Bett schreibt, gibt seine Kunst auf. Es sind Bemerkungen über Töten, Mord und Verzweiflung, die an den Wänden stehen; sie sind Ausdruck der Verunsicherung, die Hauptmann erfaßte, nachdem er 1933 in Deutschland geblieben war. „Flucht ist Mord" steht an der Wand. Aufschlußreich sind die Inschriften aber auch, weil er, als er sich mit Homer beschäftigt, das Judentum vorzieht: „Homer kann sich mit dem menschlichen Schatz des Judentums nicht messen (im alten und neuen Testament) und ebensowenig Hesiod." Ein humanes Judentum stellte er über eine mörderische Antike. Auch seine literarischen Gestalten scheinen ihm nachts begegnet zu sein: Iphigenie steht wahrscheinlich hinter „Ihpig" („die wahre Welt der Krieg"), Götter („Ich sah noch keinen außer in Stein, Erz oder gar aus Holz"), und Hekate/Artemis ist zu erkennen im Satz „Die Fürchterliche steht und glotzt herab, vom Himmel Gottesfurcht." Nur eine Begebenheit sei in dem Zusammenhang noch erwähnt: Im Zweiten Weltkrieg kam Herbert Glienke als Arzt nach Rügen und betreute vertretungsweise auch Hiddensee. In der Gestalt des Jens Uhl hat er in dem Buch „Inselarzt" seine Erlebnisse berichtet, auch die mit Gerhart Hauptmann und Frau Margarete. Zwiespältig erscheint das Buch in unserem Zusammenhang, weil die Beziehungen zu „Haus Seedorn" wohl anders waren als sie Glienke schilderte. In einem Brief Margarete Hauptmanns an Pfarrer Gustavs vom 22. Juni 1943 fragte diese einerseits nach einem „vertrauenswürdigen Arzt" für Hauptmann, um kurz darauf andererseits zu bitten, vielleicht Dr. Glienkes Motorboot für die Überfahrt nutzen zu können. Manches ist bei Glienke Dichtung, wie die Beschreibung des Hau-

Von einer begeisterten Menge verab-
schiedet legen Gerhart und Margarete
Hauptmann im Boot von Kloster ab.
Indem ein Teil der Zuschauer die Hand
zum Deutschen Gruß erhebt, wird deutlich, was man Hauptmann schuldig zu
sein glaubte. Während Margarete in gleicher Weise zu antworten scheint, übt
Hauptmann vornehme Zurückhaltung,
läßt sich aber die Huldigung gefallen,
getreu seiner Haltung „Nu, ja, ja – nu,
nee, nee!"
Mit den Nachbarn verkehrte Hauptmann freundlich und zurückhaltend,
falls sie nicht zum engeren Freundeskreis
gehörten. Sonst war der Kontakt eher
distanziert; manche Einwohner der Insel
hatten zudem ihre Probleme mit dem
selbstbewußten, oft auch eitlen Dichter.

ses, „umgeben von alten Bäumen, und hinter Sträuchern versteckt"; denn erst in den zehn Jahren seit dem
Kauf hatte Hauptmann Bäume pflanzen lassen. Noch
in der Mitte der dreißiger Jahre, so erinnerten sich Benvenutos dritte Frau Annalise und ihr Sohn Arne, konnte man durch Sand und Seedorn bis zum Strand laufen.
Alte Bäume standen also nicht um das Haus. Der
„etwa 30 Meter lange, alte, gotische Kreuzgang"
stammte aus dem Jahre 1931. Anderes aber bietet ein
Mosaiksteinchen für das Bild des Schriftstellers: Gerhart Hauptmann, der den Tee selbst brühte, auf die
Mischungen achtete und im übrigen den strengen Wei-
sungen seiner Frau zu folgen hatte. Zweimal in der
Woche besuchte der Arzt Hauptmann, der Dichter
sprach wenig, über Politik fast nicht, der Name Hitler
wurde nicht genannt. Nur einmal soll Hauptmann zu
dem Arzt gesagt haben: „Deutschland ist nun ein riesi-
ger Zoo mit dressierten Affen, die immer üben müssen,
den Arm zu heben und dann zu schreien."
Hauptmanns Leben auf der Insel blieb als Thema
gegenwärtig, mit seinen Merkwürdigkeiten und Anekdoten, mit den Spannungen und Freundschaften. Dem
Dichter Hanns Cibulka, der seine persönliche Beziehung zu Hiddensee und Gerhart Hauptmann fesselnd
beschrieb („Seedorn. Tagebucherzählung", 1985),
begegnete im Nebel eine greise Gestalt: „Dieser Mann
gleicht von Kopf bis Fuß dem alten Gerhart Hauptmann, dem Achtzigjährigen, ich habe ihn in Breslau ja
selbst noch gesehen. Er trägt einen hellgrauen Anzug,
Knickerbocker, karierte Strümpfe. Ich sehe seinen
mächtigen Schädel, das weiße Haar, unverkennbar sein
Porträt ... Er bleibt an der Steilküste stehen, blickt hin-
aus auf das Meer, nach einer Weile greift er mit der
rechten Hand in die Seitentasche, holt einen Notizblock
hervor, einen Bleistift, ich sehe, wie er etwas auf-
schreibt, notiert, dann steigt er die Stufen hinab, die
hinunter an den Strand führen."

# Abschied und letzte Ankunft

Der Abschied von Hiddensee verlief langsam und in Abschnitten. Am 5. Juli 1940, einem Freitag, übernachteten die Hauptmanns auf der Reise zur Insel in Stralsund. Sie wurden durch Fliegeralarm gestört, kamen aber im Laufe des 6. Juli in „Haus Seedorn" an. Hauptmann notierte in sein Tagebuch: „Man ist auf seiner Scholle, der körperlichen wie geistigen, mag kommen, was Gott verhängt."

Hiddensee tritt an die Stelle aller Stätten, an denen sich Hauptmann daheim fühlte. Endgültigkeit wurde empfunden, aus der heraus Hiddensee, wie schon beim jungen Hauptmann, „die Insel" wurde. Eines der schönsten Gedichte Hauptmanns entstand im Juli 1940 aus diesem Gefühl. In der ersten Fassung strich er drei Verse, die sich auf die Gegenwart bezogen: „Die Erde zittert um uns her / und raucht vor Wut / Keine Taube kommt übers Meer." Die Streichungen waren kennzeichnend für Hauptmann, der seine Texte, je mehr sie der Vollendung entgegengingen, von zu deutlicher Zeitkritik und aktuellem Bezug befreite. Aber es wirkte sich auch anderes aus: Hiddensee, das endgültig zur Erfüllung *seines* Inselgedankens wurde, mußte das Aktuelle verlieren, sollte es zum Sinnbild zeitloser Schönheit werden. Im Sommer 1943 ließ Hauptmann ein Typoskript des Gedichts von 1940 anfertigen, fügte Änderungen ein und vollendete seine Huldigung an Hiddensee, der im Druck der Titel „Die Insel" gegeben wurde:

Die Insel

Hier, wo mein Haus steht,
wehte einst niedriges Gras:
ums Herz Erinnerung weht,
wie ich dereinst
mit Freunden hier saß.
Wir waren zu drei'n,
vor Jahrtausenden mag es gewesen sein.

Es war einsam hier,
tief, tief!
So waren auch wir.
Verlassenheit über der Insel schlief.
Dann kam der Lärm,
ein buntes Geschwärm:
entbundener Geist,
verdorben, gestorben zu allermeist.
Und leben wir in fremdmächtiger Zeit,
verschlagen wiederum in Verlassenheit.
In meines Hauses stillem Raum
herrscht der Traum.

Das Gedicht ist ein Schlüsselgedicht und eine Zusam-
menfassung zu Hauptmanns Vorstellungen von Insel
und Hiddensee. Sowohl die Leitbegriffe wie Insel und
Traum als auch zeitliche Abfolgen („Dann kam der
Lärm" und anderes) wurden verwendet. Unter den Ver-
änderungen fällt jene besonders auf, die auf das frühe
Gedicht „Mondscheinlerche" zu verweisen scheint. Das
lyrische Subjekt erinnert sich „wie ich dereinst mit dem
Freunde saß, / wir waren zu drei'n"; das könnte auf
den Bruder Carl und den Freund Hugo Schmidt bezogen sein, die Hauptmann beim ersten Besuch 1885
begleiteten. Geändert wurde in „dereinst mit Freunden
saß. Wir waren zu drei'n …". Hier scheint der Bruder
zu fehlen, dafür rückt neben dem Freund Hugo
Schmidt auch Alfred Lottermoser wieder in die Erinnerung. Von Frauen ist in beiden Fassungen keine Rede.
Für die Veränderung spricht, daß Hauptmann mehr
und mehr den Bruder aus seiner Erinnerung verdrängte.
Als Carls Frau Martha 1939 starb, sah er in ihr ein
Opfer des „allenthalben exaltierten Bruders", der
bereits 1921 gestorben war, aber ihr ein „krampfhaftes
Leben aufgenötigt" habe, auch noch nach der Scheidung. Nach dem frühen Streit hatten sich die Brüder
nicht wieder versöhnt.

Das wichtigste Ergebnis des Inselbesuchs 1940 aber war, daß Hauptmann in wenigen Wochen die erste Fassung der „Iphigenie in Delphi" diktierte, angeregt durch eine Bemerkung Goethes in der „Italienischen Reise". Eine zweite Fassung schloß sich an. Im „Collegium dramaturgicum", so nannte Hauptmann den kleinen Kreis auf Hiddensee, dem neu entstandene Werke in „Haus Seedorn" zuerst vorgestellt wurden, las Behl am 11. September 1940 die dreiaktige Dichtung vor. Hauptmanns Beschäftigung mit den Atriden, zu denen Iphigenie gehört, war der Versuch, in der Antike eine barbarische Zeit zu erkennen, die wenig mit den Vorstellungen Goethes gemein hatte. Hauptmanns Iphigenie blieb die Priesterin der blutigen Menschenopfer; es war auch ein Sinnbild der barbarischen Nazi-Zeit, in der Hauptmanns Tetralogie entstand.

Der Sommer 1941 stand im Zeichen Goethes, den Briefwechsel des Dichters mit Schiller trug er ständig bei sich. „Faust", „Urfaust" und „Die Leiden des jungen Werther" waren Gesprächsthemen. Die soeben in sechster Fassung vollendete „Iphigenie in Aulis" wurde im „Collegium dramaturgicum" gelesen; über eine Gesamtausgabe letzter Hand wurde von Hauptmann und Behl nachgedacht. Es fanden noch immer Gesellschaften statt, an denen die Dresdner Schauspielerin Virginia Dulon teilnahm, aber diese Gesellschaften waren ruhiger geworden und widmeten sich großen Themen wie Schauspielkunst, Gott und Religion. Spaziergänge waren eine entspannende Beschäftigung. Der greise Dichter notierte am 30. Juni 1941: „Gestern habe (ich) mein letztes freiwilliges Seebad in diesem Leben genommen."

Vom 21. Juli bis zum 30. September 1943 war Gerhart Hauptmann ein letztes Mal auf Hiddensee. Mit Hilfe Arnold Gustavs war der Aufenthalt vorbereitet worden. Margarete Hauptmann hatte mancherlei Sorgen schon brieflich mitgeteilt: Es ging um den Arzt für den

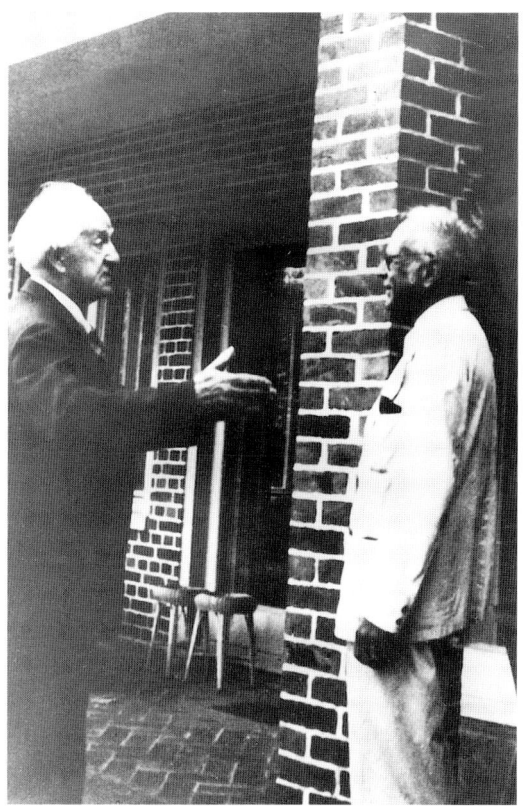

*Gerhart Hauptmann und C. F. W. Behl, der zum Ver-*
*trauten im Alter sowie zum Biographen und Herausge-*
*ber der Hauptmann-Werke wurde, besprechen 1943*
*auf der Terrasse von „Haus Seedorn" Korrekturen zur*
*„Atridentetralogie". Es war Hauptmanns letzter Auf-*
*enthalt auf Hiddensee.*

Dichter, um Material für die Zentralheizung, um die Ernährung. Obwohl immer noch bevorzugt – „Durch freundliche hohe Beziehungen wird uns die Reise bis Stralsund im Auto ermöglicht" –, schlugen die verheerenden Zustände des Kriegs auch auf Hauptmanns Lebensumstände durch. Dennoch ging die Arbeit intensiv weiter. Heinrich George las auf Wunsch Hauptmanns „Veland" vor. Gemeinsam mit Behl wurden die Korrekturfahnen der „Iphigenie in Aulis" durchgesprochen; die „Hohe Lilie" beschäftigte ihn, in der ein weiteres Mal Hiddensee genannt wurde: Mehrere der Gestalten sollten von Hiddensee kommen. Ein Dichter war „ein ausgelaufener Mönch des Klosters vom Heiligen Geist auf Hiddensee, etwa ein Pafnutius, etwa ein Einsiedler von der gleichen Insel", notierte er am 10. August 1943, und eine Woche später beschrieb er die Kathrin, die den schwedischen König Gustav Adolf heiraten wollte, als „eine entlaufene Nonne, sie stamme von einem Mönche aus dem Kloster auf Hiddensee". Die Handlung sollte sich auf den Abend und die Nacht des 4. Oktober 1631 konzentrieren, Gustav Adolf von Schweden wollte sich mit der siebzehnjährigen Wirtstochter Lily (auch Lida, Freya oder Anna genannt), bekannt als Hohe Lilie, trauen lassen, mehr als Belustigung zwischen den Schlachten denn im Ernst.
Am 12. September 1943 nahm Hauptmann am Gottesdienst zur Einweihung der neuen Orgel teil, zumal er die kurzen Predigten seines Freundes Gustavs, die nur zehn Minuten dauerten, schätzte, weil sie ihn nicht bei der Versenkung in die Magie des Glaubens störten. Die Insel hatte auf Hauptmann wie ein Wunder gewirkt: „Ich bin nun wieder hergestellt – bis zu meinem Tode", erklärte er nach der Rückkehr auf den „Wiesenstein" dem Freunde Behl.
Die Voraussage sollte sich erfüllen. Gerhart Hauptmann kehrte erst nach seinem Tod auf die Insel Hiddensee zurück. Noch ehe die geplante Übersiedlung

*Nur die kleine Bauernkirche hat von den einst drei Kirchen Hiddensees die Zeiten überstanden. Die Aufnahme entstand um 1925. Das Gotteshaus auf dem Gellen und die Klosterkirche sind nicht mehr zu finden, nur Lageskizzen erinnern an sie. Gerhart Hauptmann hatte sich gewünscht, wenn schon eine Beerdigung in Schlesien nach dem Ende des Krieges nicht mehr möglich war, auf Hiddensee seine letzte Ruhe zu finden. Der Freund Arnold Gustavs, Pfarrer von Hiddensee, erfüllte dem Dichter diesen Wunsch.*

nach Berlin erfolgte – der Sonderzug stand bereit, ein Haus hatte man gewählt –, starb der Dichter am 6. Juni 1946, am 71. Geburtstag Thomas Manns. Ein Begräbnis in seiner schlesischen Heimat war durch die Folgen des Zweiten Weltkriegs unmöglich geworden. Aber schon früher hatte er den Wunsch gegenüber Margarete Hauptmann geäußert, auf dem schlichten Friedhof auf Hiddensee zu ruhen. Unterstützt von der sowjetischen Militäradministration, besonders den Offizieren Sergej I. Tjulpanow und Grigorij Weiss, wurde der Leichnam nach Stralsund gebracht, wo am Vortage der Beisetzung eine Trauerfeier stattfand, auf der neben dem späteren Präsidenten der DDR, Wilhelm Pieck, und Johannes R. Becher, von 1954 bis zu seinem Tod 1958 Minister für Kultur, auch Tjulpanow das Wort nahm: Es wurde eine große Würdigung des Dichters und des Deutschen, der als „der weise Patriarch der deutschen Literatur sich in den Dienst der großen Sache, der demokratischen Wiedergeburt Deutschlands, gestellt" habe. Dann bewegte sich ein langer Trauerzug zum Hafen. Nach drei Stunden kam das Schiff mit dem Sarg in Kloster an, erwartet von den Hiddenseern. Fischer trugen den Sarg ins „Haus Seedorn", wo Hauptmann in seinem Arbeitszimmer aufgebahrt wurde. „Ein warmer Julitag neigte sich seinem Ende zu. Und feierlich läuteten die Glocken der alten Dorfkirche und grüßten den Heimgekehrten. In dieser letzten Nacht übernahmen die Fischer von Hiddensee die Ehrenwache." (Maria Paudler)
Am 28. Juli 1946, 61 Jahre nach der ersten Begegnung mit Hiddensee, wurde Gerhart Hauptmann in der Stunde vor Sonnenaufgang, erinnernd an das erste Drama „Vor Sonnenaufgang" und Hauptmanns Hoffnung auf den Beginn eines Morgens aufnehmend, auf dem Friedhof von Kloster beigesetzt, gekleidet in seine Franziskanerkutte. Beigegeben waren ihm, seinem Wunsch entsprechend, das Neue Testament und sein Versepos „Der große Traum" mit den eigenen Vermerken. Fischer und

Nach der Trauerfeier in Stralsund wurde Gerhart Hauptmann mit dem Dampfer „Insel Hiddensee" nach Kloster überführt. Den Sarg und die Witwe des Dichters begleiteten die Vertrauten vom „Wiesenstein", die Krankenschwester Maxa Mück und der Dichter Gerhard Pohl (ganz links), aber auch Johannes R. Becher (mit Brille), der im Oktober 1945 Hauptmann auf dem „Wiesenstein" besucht und ihn zur Mitarbeit im Nachkriegsdeutschland eingeladen hatte.

die Schriftsteller Johannes R. Becher, Gerhart Pohl, Peter Alfons Steiniger und Walter Stanietz trugen den Sarg zum Grab. Nicht belegt ist, daß die Fischer, die den Sarg von Haus Seedorn zum Friedhof trugen, etwas „angeduhnt" gewesen seien, wie der als Kind zuschauende Freundlich aus Günter Grass' Roman „Ein weites Feld" weiß; sie wären ausgehungert gewesen und hätten am Abend zuvor schon den „Leichenschmaus vorweggefeiert". Aber Grass' Roman läßt sich stets auf authentische Vorgänge zurückführen.

Arnold Gustavs hielt die Trauerrede über den Text „Ich kenne einen Menschen, der ward entzückt in das Paradies und hörte unaussprechliche Worte, welche kein Mensch sagen kann" (2. Korinther 12,4), den Hauptmann kurz vor seinem Tod sich vorlesen und anstreichen ließ. Eine große Trauergemeinde hatte sich am Sarg zusammengefunden, an dem nun Professoren der Universitäten Greifswald und Rostock die Ehrenwache hielten. Otto Gebühr, inzwischen bekannt geworden durch seine Darstellung Friedrichs II. von Preußen in Filmen des Dritten Reichs, sprach für die Schauspieler den Dank an Hauptmann. Kantor Heinrich Berg grüßte den Dichter ein letztes Mal von den Hiddenseern.

Ein Baum aus der schlesischen Heimat, aus dem Park des „Hauses Wiesenstein", wächst an dem Grab. Das Grab ist umgeben von jenen Hiddenseer Namen, die den Dichter beschäftigten: Links neben ihm liegt eine geborene Schluck, ihm gegenüber liegen die Eheleute Schluck, daneben die Eheleute Striesow. So, als wollten die Namen an *Hauptmanns Hiddensee* ständig erinnern, die Ankunft 1885, das Leben, das Werk. Aber noch war die Ruhe nicht endgültig, denn bald nach der Beisetzung ließ sich Margarete Hauptmann von einem Architekten anregen, einen Steinkreis von zwei Meter hohen Findlingen am Waldrand zu errichten, in dem die exhumierte Leiche des Dichters beigesetzt werden

Am 28. Juli 1946, bei Sonnenaufgang, wurde Gerhart Haupt-
mann auf dem Friedhof in Kloster beigesetzt. Der Freund
Arnold Gustavs hielt die Trauerrede; Professoren der Univer-
sitäten Rostock und Greifswald hielten die Ehrenwache.
Unter den Trauergästen waren auch Vertreter der politischen
Ordnung wie Wilhelm Pieck und Johannes R. Becher.

sollte. Als der Plan kurz vor seiner Verwirklichung
stand, erklärte Pfarrer Gustavs, er möchte „den großen
Gerhart gerne" bei sich, also auf dem Inselfriedhof
behalten. Margarete Hauptmann fügte sich. Der Archi-
tekt, der schon die Findlingsblöcke aus der Mauer des
Gutsgartens abkaufen wollte, mußte unverrichteter
Dinge abziehen. Der Freund und Pfarrer Arnold
Gustavs hatte den Wunsch des Freundes endgültig
erfüllt. Aber er mußte noch einmal rettend eingreifen.
1951 wurde ein Granitblock als Grabstein enthüllt,
bezahlt aus Spenden von Studenten der DDR. Anläßlich des 90. Geburtstags 1952 sollte eine würdige Ver-
anstaltung an Hauptmanns Grab stattfinden. Die Dele-
gation des Schriftstellerverbands, Konrad Schmidt,
Ludwig Turek und Hermann-Werner Kubsch, zu denen
in Stralsund mecklenburgische Schriftsteller stießen,
unter ihnen Hans-Jürgen Steinmann, kamen, weil sie
seit Stunden nur mit Grog versorgt worden waren,
etwas desorientiert auf Hiddensee an. Der von Schmidt
und Steinmann getragene Kranz hatte zudem die Eigen-
art, sich ständig zum Ei zu verformen. Auch regnete es
in Strömen. So drohte die Feier ein Fiasko zu werden.
Da trat Arnold Gustavs vor und sprach. „Verhalten
und mit ganz schlichten Worten erzählte er von seiner
langjährigen Freundschaft zu Gerhart Hauptmann ...
Ich bewunderte ihn damals tief, wie er so einfach vor-
trat, ohne Manuskript sprach und mit wenigen Sätzen
Hunderte von Menschen in seinen Bann zwang. Er
schaffte es, das Bild eines großen Menschen lebendig
werden zu lassen", berichtete Konrad Schmidt („Neue
Entdeckungen auf Rügen und Hiddensee").
Zum Tode Gustavs am 19. Dezember 1956 schrieb
Margarete Hauptmann, nicht wissend, daß sie wenige
Tage später selbst sterben sollte: „Ich gedenke in Treue
meines verewigten Sternenbruders des 7. Januars." Der
7. Januar war Gustavs' Geburtstag. Nach dem Tode
Margarete Hauptmanns 1957 wurde sie am 6. Juni

1983, dem 37. Todestag Gerhart Hauptmanns, in seinem Grab beigesetzt.

Der Freund Arnold Gustavs in Hauptmanns Leben, wo ist er in Hauptmanns Werk? Gerhart Hauptmann hat die meisten, die seinen Lebensweg begleiteten oder auch an wesentlichen Stellen kreuzten, als literarische Figur oder mindestens in einem Profil einer literarischen Figur, wenn sie von mehreren geprägt sind, bewahrt. Dabei fällt auf, daß die, die am längsten mit ihm lebten und arbeiteten, im Werk nur am Rande erscheinen. So auch Pfarrer Gustavs. In Hauptmanns Werken gibt es zahlreiche Pfarrer, und manche von ihnen sind recht ironisch gezeichnet. Pastor Immoos in „Vor Sonnenuntergang" könnte auf Gustavs verweisen, Pastor Pavel im Roman „Der neue Christophorus" ist ein Gustavs-Porträt. Das kürzeste, aber treffende Bild gab Hauptmann in einem Entwurf zur Novelle „Phantom" entstand 1918, ein Jahr nach der näheren Bekanntschaft: „Heut habe ich mich auf eine kleine Pfarre auf einer Ostseeinsel zurückgezogen, lebe meiner Familie, meiner Gemeinde, meinen Studien und meinen Erinnerungen. Auch meinen Bienen, nicht zu vergessen."

# Hiddensee in Hauptmanns Werk

Sieht man von den Werken der Frühzeit ab, gibt es kaum Bedeutendes bei Hauptmann, das nicht eine Beziehung zu Hiddensee hätte. Immer ist es in den Werken das *Hiddensee Hauptmanns*, also das Bild, das sich der Dichter von der Insel machte. Entweder sind Textteile, manchmal das gesamte Werk („Iphigenie in Delphi") dort entstanden, Orte haben Pate gestanden, Erlebtes wurde literarisch umgesetzt. Seine Insel, damit auch ihr Abbild in seinem Werk, war die der Geistigkeit, der Künstler und der natürlichen Schönheit. Hauptmanns Schwierigkeiten mit den Inselbewohnern dürften auch hier ihre Ursachen haben, denn die noch im ausgehenden 19. Jahrhundert sprichwörtliche Armut der Einwohner, die Torfsodenhäuser und Hütten gehören nicht zu *Hauptmanns Hiddensee*bild. Sooft er Hiddensee nannte, sooft er es beschrieb, er hatte kaum ein Wort für die Geschichte der Insel übrig, sieht man von dem späten Plan eines Hiddensee-Buches ab. Es war für ihn eben das „geistigste aller deutschen Seebäder". In Hauptmanns Dichtungen ist Hiddensee fast geschichtslos, wurde zum Auslöser „mystischer Erschütterungen".

„Gabriel Schillings Flucht" spielt zu wesentlichen Teilen in der Rettungsstation, in der sich heute das Heimatmuseum befindet, und in einem Gasthof, der dem Schliekerschen von 1885 nachgestaltet ist. Das wird immer wieder genannt; aber auch verdeckte Bilder der Insel gibt es. Sein Stück „Der Bogen des Odysseus" (1914) spielt auf der Insel Ithaka, die Hiddensee-Züge trägt:

„Wälder, ihr umgrünt
Des Felsens Flanke wie ein Vlies! zur Bucht
Ergießt ein Strom sich! Weiden stehen dort
Und Pappeln! Fischer liegen auf dem Fang
Und draußen kreuzen Segel!"

Hauptmann plante ein Hiddensee-Buch, wie er den Tagebüchern anvertraute; es wurde nicht ausgeführt.

*Alexander Ettenburg führte im Sommer 1900 das Hiddensee-Stück „Swantewits Fall" auf. Er war nicht nur Dichter und Regisseur, sondern auch Ausstatter und Hauptdarsteller, in den Pausen versorgte er zudem das Publikum. Die Schlucht, in der sein Stück uraufgeführt wurde, hieß bald „Swantewit-Schlucht"; der Name ist eine letzte Erinnerung an das Wirken Ettenburgs auf Hiddensee, gleichzeitig aber auch ein Hinweis auf die mythische Vergangenheit der Insel, die auch Hauptmann im Alter interessierte. Der Plan für ein entsprechendes Buch wurde von Hauptmann nicht verwirklicht.*

Nur wenige Überlegungen finden sich: Mit einem Goethe-Motto sollte begonnen werden, und dann wollte Hauptmann „die alte, uralte Bevölkerung" Hiddensees samt dem Kloster zum heiligen Geist aufnehmen. Es ist neben der „Hohen Lilie" der einzige Plan in Hauptmanns Werken und Texten über die Insel, in dem sich ein historisches Herangehen erkennen läßt.

Auch das Fragment „Der Flieger" (1923–1938) spielt auf der Insel. In den Tagebuchnotizen wurden Ort und Zeit genannt: „Drama aus Kriegszeit. Haus auf Ostseeinsel." Ein Bildhauer sollte mit den Söhnen aus erster Ehe und einer jungen zweiten Frau die Hauptpersonen, Eifersucht eines der Themen sein. Als Hauptmann 1938 die ersten Szenen niederschrieb, verarbeitete er Erlebtes: Von 1928 bis 1935 hatte die Lufthansa einen Flugbetrieb mit Wasserflugzeugen des Typs F 13 zwischen Berlin, Stralsund, Sellin und Kloster betrieben. Daß auch die Details des beschriebenen „burgartigen Hauses" – die Lietzenburg – und die Ereignisse, ein Minenfund am Strand, authentisch sind, hat Arne Gustavs, Enkel von Arnold Gustavs, in einer Studie belegt. Neben den Entsprechungen zu Hiddensee sind es vor allem zwei Details in den wenigen Dialogen, die Hauptmanns Beziehung zu der Insel beleuchten. Sie wird nicht genannt; in einem späteren Entwurf heißt sie „Unrow". Aber durch Ortsnamen wie „Neuendorf" und den Blick bis zu den Kirchtürmen Stralsunds ist Hiddensee erkennbar. In „Der Flieger" erinnert sich 1917 der Archäologe Professor Manfred Schadow, ein dreiundfünfzigjähriger Mann, daß er vor dreißig Jahren auf die Insel gekommen ist; die Sage gehe, er habe „sie ja entdeckt". Kaum maskiert ist in Schadow, der sich beim Maler Krell eingemietet hat, Hauptmann zu erkennen, der 1917 in der Lietzenburg wohnte. Nur wenig zeitlich verschoben wird auf den ersten Aufenthalt des dreiundzwanzigjährigen Hauptmann verwiesen. Es scheint, als habe Schadow (Hauptmann) dem

Von 1928 bis 1935 betrieb die Lufthansa einen Flugbetrieb mit Wasserflugzeugen des Typs F 13 zwischen Berlin,
Stralsund, Sellin und Kloster. Hauptmann hat in seinem Fragment „Der
Flieger" die Details aus dieser Zeit des
Flugbetriebs genutzt und verarbeitet;
auch andere dort erwähnte Ereignisse,
zum Beispiel ein Minenfund am Strand,
sind authentisch.

Maler Krell (Kruse) die Insel empfohlen ("Krell: Er ist schuld, daß ich dieses Haus gebaut und hier sitzen geblieben bin."). Ein Detail verbindet zusätzlich die unterschiedlichen Zeiten und Texte: Schadow erinnert sich, er "habe vor zwei Jahrzehnten zum erstenmal zusammen mit zwei Schweden auf der Insel gewohnt. Wir waren damals die einzigen Gäste. Sie schossen Kaninchen, und ich machte so eine Art Robinson." Unter den ausgeschiedenen Passagen des "Buchs der Leidenschaft" war auch die Eintragung unter dem 8. Juli 1896 auf Hiddensee: "Einige wirkliche Schweden sind übrigens in den höchst primitiven Zimmerchen des einzigen Gasthauses hierorts einquartiert. Die Insel ist einmal schwedisch gewesen." In "Gabriel Schillings Flucht" erscheint eine ähnliche Passage: Gabriel Schilling sei "mehr der Typus eines feingeistigen Schweden als eines Deutschen". Im "Buch der Leidenschaft" war Rauscher "der schöne, junge Mann mit dem weichen, blonden Haar … Er könnte ein Schwede sein." Dieser "Schwede" ist Hauptmanns Freund Hugo Ernst Schmidt, der die Besuche von 1885 und 1898 auf Hiddensee mitmachte. Im Fragment "Der Flieger" werden ebenfalls die Schweden erwähnt.

In Hauptmanns Fragment tritt schließlich der Fliegerleutnant Malte Kraft von der Staffel Richthofen auf, der sich zum Genesungsurlaub auf Hiddensee aufhält. Sein Urbild ist Krafft Tesdorpf, der in einem besonders engen Verhältnis zu Hauptmann stand, Duzfreund war und als "fünfter Sohn" behandelt wurde. Noch 1937 sandte er den Hauptmanns eine Porträtfotografie, auf die er schrieb: "Till Eulenspiegel, der Korsar, seinen geliebten Eltern! Abbazia Juni 1937". Nach einer Verwundung im Luftkampf von Verdun 1916 verbrachte er seinen anschließenden Urlaub zeitweise bei den Hauptmanns auf Hiddensee und feierte gemeinsam mit seinen Seeflieger-Kameraden, die er aus Wiek holen mußte, "fröhlich Fliegerfeste bis in den leuchtenden

Morgen hinein". 1918 stattete Malte Kraft alias Krafft
Tesdorpf zweimal den Hauptmanns einen Besuch auf
Hiddensee mit dem Flugzeug ab. Mit einem Brief vom
14. Juli 1918, den er beim Überfliegen der Insel
abwarf, kündigte er seinen Besuch an, Hauptmann ver-
folgte am 15. Juli 1918 mit dem Fernrohr das Flugzeug, bis er es nicht mehr sehen konnte. Vermutlich
war es das gleiche Fernrohr, mit dem Max Kruse die
Nackten am Strand beobachtete, um sie ihrer Strafe
zuzuführen.

Keines der Prosawerke ist so intensiv von Hiddensee
getragen wie der Roman „Die Insel der Großen
Mutter" (1924). Die „nackten Frauenkörper" auf Hiddensee regten den Dichter an. Insel, das bedeutete die
Erfüllung individueller Wünsche und Träume, die sich
zu utopischen Entwürfen verdichteten. Seit den frühen
ikarischen Plänen finden sich solche Vorhaben, etwa im
Roman „Atlantis" (1912), der auch die Arbeitstitel
„Das Schiff" und „Die Insel" trug. Insel, dies wurde
bereits erläutert, das war für Hauptmann eine Meta-
pher für den Ausgleich eigentlich unvereinbarer Gegensätze. Das höhere Dritte als Beziehung zu Melitta *und*
Anja („Buch der Leidenschaft"), das sind Marie und
Margarete, oder als Beziehung zu Margarete *und* Ida
Orloff wurde immer wieder bedacht, so auch in „Die
Insel der Großen Mutter". „Die Landschaft", so heißt
es im Roman, „die zugleich heroisch und lieblich war,
konnte recht gut als Garten der Götter genommen werden, die Badenden als die hesperischen Nymphen darin,
die den Baum des Lebens mit seinen Hesperidenäpfeln,
den goldenen Geschenken der Erde an Hera, bewach-
ten." In einem aber unterscheiden sich die beiden
Inseln: Phaon, durch den die paradiesischen Zustände
entstanden, sieht, wie sich sein Paradies im orgiasti-
schen Taumel deformiert und „in blinder Sicherheit
dem köstlichsten Oberflächengenusse" zudrängt. Er
verläßt seine Insel, die seinen Traum von erfüllter Sinn-

lichkeit nicht auf Dauer wirklich werden läßt. Gerhart
Hauptmann aber kehrte stets auf seine Insel zurück,
weil sie ihm zwar die Erinnerung an seine Träume,
nicht aber die Wirklichkeit der Träume gab. Zwar ließ
sich ein insulares Leben gemeinsam mit Marie, Margarete und Ida denken, aber nicht leben. „Natürlich ist
auf jener Insel, in jenem göttlichen Tempelhain und
Kult auch die Unvereinbarkeit meiner Liebe zu Melitta
und Anja ausgeglichen", heißt es im „Buch der Leidenschaft". In Gedanken stieg Hiddensee in Hauptmanns
Denken zum „Inselland Aphroditas" auf, zur Liebesin-
sel, beschworen mit einer Strophe aus den bacchischen
Chören in dem Roman „Die Insel der Großen
Mutter".
Noch einmal wurde eine Insel, ähnlich Hiddensee, in
einem Prosawerk genannt: „Siri. Selbstbekenntnisse
eines jungen Humanisten" erschien erst aus dem Nachlaß (1967). Geschrieben wurde die Erzählung als Tagebuch; die Ähnlichkeit mit Tagebuchaufzeichnungen
Hauptmanns und dem „Buch der Leidenschaft" ist ver-
blüffend. Annemarie, so wird Margarete Hauptmann
diesmal genannt, gestattet, daß der Erzähler Siri, so
heißt diesmal Ida Orloff, in einem Badeort Rügens
besucht. Dort soll „die Liebeswunde" ausheilen. Bei
seinen Überlegungen stößt der Erzähler, ein junger
Doktor und Privatdozent, immer wieder auf seinen
„Inselgedanken", der ihm Halt gibt. Mit ihm vereint
sich die Vorstellung, mit Siri und Annemarie gemeinsam zu leben. Eingeflochten wird eine Orchideen-
Geschichte über das Blümchen „Siri", es ist Knaben-
kraut. Der Erzähler teilt mit: „Morgen reise ich über
Berlin nach Heringsdorf, von dort mit dem Schiff nach
Insel Rügen, um mich schließlich auf einer anderen
kleinen Insel absetzen zu lassen, die an der Westseite
Rügens liegt. Dort haben sich Siri und ihre Mutter für
einige Sommerwochen eingemietet." Man trifft sich
dann jedoch in Binz. Ist dieser Aufenthalt Siris auf Hid-

densee ein Versehen des Dichters, denn Ida Orloff ist
mit Hauptmann nicht dort gewesen? Eine Flüchtigkeit?
Oder hat sich hier die Frage gestellt, wie es mit Ida
Orloff auf Hiddensee gewesen wäre? Wir wissen es
nicht; die Stelle bleibt unklar. Die Trennung von Ida
Orloff, von Siri, von Minka vollzog sich auf Rügen, in
Göhren und Binz. Diese Trennung hat eine parodisti-
sche Variante bekommen. In Felix Lützkendorfs Schauspiel in zwölf Bildern „Gerhart H." erscheint nicht
Gerhart Hauptmann an der Landebrücke in Göhren,
um Ida Orloff zu treffen, sondern Margarete, „im weißen Sommerkleid, Strohhut auf dem Kopf, Sonnen-
schirm in der Hand", weil Gerhart seinen Mittagsschlaf
hält. Die beiden Frauen verabschieden sich verständnis-
voll. Ida Orloff geht nach Wien, um dort die Pippa zu
spielen, Margarete mit Gerhart, der inzwischen einge-
troffen ist, „nach Haus. – Der Kaffee ist fertig." Die
Affäre ist beendet.
Hiddensee in Gerhart Hauptmanns Werk: Es konnten
nur Andeutungen gemacht werden. 1941 schrieb
Hauptmann mehrere Gedichte über die Insel. Eines von
ihnen ist im wesentlichen Erinnerung an den unerfüll-
ten Traum, eine Kind-Frau zu besitzen („Ihr junger
Körper stand im ersten Blühen. / Er sprach zu mir: So
alt ich immer werde, / ich kann nur einmal, nur an dir
erglühen, / und Wüste ist mir, außer dir, die Erde."); ein
anderes, geschrieben am 17. Juni 1941 an der Nordkü-
ste Hiddensees, soll am Ende stehen:

Durch des Äthers blaues Schweigen
geht Bewegung grüner Bäume,
und ein Rauschen in den Zweigen
mischt sich in der Brandung Schäume.
Und ein kleiner Vogel kündet
alles dies mit seinem Liede,
das in meinem Herzen mündet;
und so blüht um mich ein Friede.

*Folgende Doppel-
seite:
Von Grieben, dem
nördlichsten der
Hiddenseer Dör-
fer, geht der Blick
gen Rügen.
Dazwischen lie-
gen der Alte und
der Neue Bessin,
Halbinseln, die
ständig weiter-
wachsen, in man-
chen Jahren bis zu
40 Zentimeter.
In Grieben rich-
tete Alexander
Ettenburg seine
„Schwedische
Bauernschenke"
ein; er hatte dafür
ein abgewirtschaf-
tetes Fischerhaus
für 100 Mark
Anzahlung
gekauft.*

# Quellen

Gedichte von Gerhart Hauptmann:
S. 48: „Mondscheinlerche"
S. 118/119: „Die Insel"
S. 137: „Durch des Äthers blaues Schweigen"
© mit freundlicher Genehmigung des Verlags Ullstein
GmbH, Berlin

Literatur:
Gerhart Hauptmann: Sämtliche Werke (Centenarausga-
be), hrsg. von Hans-Egon Hass und Martin Machatzke.
Frankfurt/Main, Berlin 1962–1974
Gerhart Hauptmann: Notiz-Kalender 1889–1891,
Tagebuch 1892–1894, Italienische Reise 1897.
Tagebuchaufzeichnungen, Tagebücher 1897–1905,
Diarium 1917–1933, hrsg. von Martin Machatzke.
Tagebücher 1906–1913. Mit dem Reisetagebuch Grie-
chenland-Türkei 1907, hrsg. von Peter Sprengel. Frank-
furt/Main, Berlin 1976–1994
Gerhart Hauptmann: Laßt uns etwas Stilles lieben.
Gedichte. Pastelle von Ivo Hauptmann. Mit einem Text
von Sonja Kühne und Harriet Hauptmann. Fischerhude
1995

Behl, C. F. W.: Zwiesprache mit Gerhart Hauptmann.
Tagebuchblätter. München 1948
Behl, C. F. W.; Voigt, Felix A.: Chronik von Gerhart
Hauptmanns Leben und Schaffen. Bearbeitet von
Mechthild Pfeiffer-Voigt. Würzburg 1993
Berger, Willi: Insel Hiddensee. Leipzig 1968 (3. Auf-
lage), Unser kleines Wanderheft 116
Cibulka, Hanns: Seedorn. Tagebucherzählung.
Halle/Saale 1985
Erdmann, Gustav: Einige pommersch-rügensche Moti-
ve in Gerhart Hauptmanns Schaffen. Quellenkundliche
Untersuchungen. In: Greifswald-Stralsunder Jahrbuch,
Band 5. Rostock 1965, S. 211–277

Erdmann, Gustav: Führer durch die Gerhart Haupt-mann-Gedächtnisstätte Kloster auf Hiddensee. Rostock 1959 (2. Auflage) und 1965 (4. Auflage)

Erdmann, Gustav: Gerhart Hauptmann und die Kruses. In: Greifswald-Stralsunder Jahrbuch, Band 2. Schwerin 1962, S. 243–256

Ewe, Herbert: Hiddensee. Rostock 1983

Gustavs, Arnold: Gerhart Hauptmann und Hiddensee. Kleine Erinnerungen. Mit Briefen von Gerhart und Margarete Hauptmann und einem Nachwort herausge-geben von Gustav Erdmann. Schwerin 1964 (2., durch-gesehene Auflage)

Kästner, Anita und Reingart (Hrsg.): Erhart Kästner. Leben und Werk in Daten und Bildern. Frankfurt am Main 1980

Kühne, Sonja: Gerhart-Hauptmann-Gedenkstätte in Kloster. Berlin 1992

Lauterbach, Ulrich; Siebert, Eberhard: Gerhart Haupt-mann 1862–1946. Wirklichkeit und Traum. Ausstel-lung der Staatsbibliothek Preußischer Kulturbesitz Ber-lin. Ausstellungskatalog 31. Berlin 1987

Schmidt, Konrad: Neue Entdeckungen auf Rügen und Hiddensee. Leipzig 1989 (2. Auflage)

Seydel, Renate (Hrsg.): Hiddensee. Ein Lesebuch. Frankfurt/Main, Berlin 1991 (3. Auflage 1993)

Sprengel, Peter: Gerhart Hauptmann. Epoche – Werk – Wirkung. München 1984 (Arbeitsbücher zur Literatur-geschichte)

Wächter, Hans-Christof; Teufel, Heinz: Hidddensee. Eine Insel für jede Jahreszeit. Hamburg 1992

Zeller, Bernhard (Hrsg.): Gerhart Hauptmann. Leben und Werk. Eine Gedächtnisausstellung des Deutschen Literaturarchivs zum 100. Geburtstag des Dichters im Schiller-Nationalmuseum Marbach a. N., Katalog Nr. 10. Marbach 1962

# Autor/Bildnachweis

**Rüdiger Bernhardt,** geb. 1940 in Dresden, Studium der Germanistik, Kunstgeschichte, Nordistik und Theaterwissenschaft in Leipzig. Hochschullehrer in Halle an der Saale und Kiel bis 1995. Zahlreiche Veröffentlichungen zur deutschen Literatur nach 1800, besonders zum Naturalismus, sowie zu den skandinavischen Literaturen und zur Literaturtheorie. Prof. Dr. Bernhardt ist Herausgeber des „Mitteldeutschen Lesebuchs. Brücken" und Vorsitzender der Gerhart-Hauptmann-Stiftung Kloster auf Hiddensee.

**Bildnachweis:**

Gerhart-Hauptmann-Haus, Kloster/Hiddensee: S. 9,
25, 73 u., 85, 89, 95 u., 102, 114, 121, 125, 127 beide
Bildarchiv Preußischer Kulturbesitz, Berlin: S. 17, 23,
41 u.
Kurt Dittmann, Kloster/Hiddensee: S. 13, 33, 35, 37,
39, 41 o., 43, 46, 51, 55, 59 beide, 61, 62/63, 67,
73 o., 79, 87, 105 u., 111, 116 beide, 123, 131
Eggert Gustavs, Neuruppin: S. 57 beide
Familie Gustavs, Kloster/Hiddensee: S. 100
Heimatmuseum, Kloster/Hiddensee: S. 105 o., 133
beide
Georg Jung, Hamburg: Titel, S. 14/15, 30/31, 70/71,
75, 82/83, 95 o., 138/139
Thomas-Mann-Archiv der ETH Zürich, Zürich: S. 107

# Impressum

Die Deutsche Bibliothek-CIP-Einheitsaufnahme
**Bernhardt, Rüdiger:**
Gerhart Hauptmanns Hiddensee / Rüdiger Bernhardt. –
2. Aufl. – Hamburg : Ellert und Richter, 2000
  (Edition Ellert & Richter)
  ISBN 3-89234-598-8
NE: HST

© Ellert & Richter Verlag GmbH, Hamburg 1996
2. Auflage 2000

Text: Rüdiger Bernhardt, Halle an der Saale
Lektorat: Frank Heins, Hamburg
Gestaltung: Büro Brückner + Partner, Bremen
Satz: KCS GmbH, Buchholz/Hamburg
Lithographie: Offset-Repro im Centrum, Hamburg
Druck: C. H. Wäser Offset GmbH, Bad Segeberg
Bindung: S. R. Büge, Celle